歴史文化ライブラリー
346

荒ぶるスサノヲ、七変化

〈中世神話〉の世界

斎藤英喜

吉川弘文館

目　次

もうひとりのスサノヲへ——プロローグ

スサノヲ神話の魅力とは

日本神話のなかで好きな神サマは？　そう聞かれて、「スサノヲ」と答える人は多い。たしかにスサノヲは魅力的な神サマだ。

冥界の母イザナミを恋慕って泣き続け、山や海を破壊し、父のイザナキに追放される神。そして姉のアマテラスが支配する高天原《たかまがはら》では、コントロールできない力のままに暴れまわる荒ぶる神。だが二度目の追放先である出雲に降ってからは、多頭の怪物ヤマタノヲロチを倒し、生贄《いけにえ》のクシナダヒメを救う英雄へと変貌する。そしてスサノヲの子孫オホナムヂは出雲のあらたな支配神オホクニヌシへと成長するが、それをバックアップしたのが、根之堅州国《ねのかたすくに》の大神スサノヲであった……。

文字どおり波乱万丈のスサノヲの神話は、現代のファンタジー小説やロールプレーイングゲームも顔負けの面白さだ。若い学生たちに「スサノヲ・ファン」が多いことも頷けよう。

スサノヲ神話の魅力は古代史研究者や神話学者、民俗学者たちも惹きつけた。明治三十年代に西洋の「比較神話学」が輸入されたとき、まず巻き起こったのはスサノヲをめぐる論争であった。スサノヲは暴風雨・自然神か人文的英雄神か……。さらに『古事記』『日本書紀』神話（以下「記紀神話」という）に見られるスサノヲの「不統一」「矛盾」した性格は、歴史家たちに『記』『紀』の成り立ちの秘密を解く素材を与えてくれた。スサノヲに高天原系（天皇系）と出雲系の勢力を仲介させる役目を負わせたので、その性格は「矛盾」したのではないか……。

あるいは母の喪失と希求、大人になりきれない「永遠の少年」といったユング派の神話解釈の格好の対象となり、また比較神話学者からは、ギリシャ神話のエチオピアの王女アンドロメダを海の怪物から救うペルセウスとの類似性が指摘され、最近では、荒ぶる神と英雄の「両義性」という構造主義的神話学による分析も盛んだ。

それにしても、スサノヲは荒ぶる悪神なのか、はたまた怪物退治の英雄神なのか、それとも地下の冥界の支配神なのか……。スサノヲ神話には、現代人の合理的な見方では捉えきれない、多面的で矛盾に満ちた神話的思考が充溢《じゅういつ》しているといえよう。その魅力はわれわれを惹きつけてやまない。

けれども、そんなスサノヲには、いまだ多くの人には知られていない、もうひとつの顔があった。「中世神話」のスサノヲである。

中世神話とはなにか

中世神話？　一般に「中世」といえば、親鸞や法然・日蓮が活躍する「仏教の時代」というイメージが強い。武士たちの合理的な精神も育まれて、非合理的・呪術的な神話は過去の遺物として忘れられていった。いや、そもそも「神話」といったら、「古代」のものと相場は決まっていると考える読者も多いだろう。

けれども近年の研究では、中世という時代は、古代以上に神話が活性化し、再生していく時代であったのだ。それを「中世日本紀」あるいは「中世神話」と呼ぶ。

「中世日本紀」とは、平安時代に始まった朝廷主宰の『日本書紀』講義（日本紀講）の注釈学をベースにして、鎌倉時代以降、神祇官出身の卜部氏や一条家の貴族知識人たち、さらに仏教僧侶たちをも巻き込んで、儒学や仏教の教義によって解釈・注釈された『日本書紀』の世界をさす。だが、彼らの「注釈」という行為は、現代のように「正しく本文を理解する」という発想とはまったく逆だった。彼らにとって「注釈」とは、「記紀神話」を読み替え、さらに新しい神話に作り替えていく創造的な行為であったのだ。そこで作り出されていく神話を「中世神話」と呼ぶ。

中世神話にはどんなことが伝えられているのか。たとえばイザナキ・イザナミに流し棄てられたヒルコは龍神に育てられ、やがて西宮のエビス神へと転生する。皇祖神アマテラスは、「大日如来」と一体化され、仏教の敵である第六天魔王と対決する。それで大日本国は、「大日（如来）の本国」と呼ばれる。またアマテラスは天皇王権の即位灌頂《そくいかんじょう》という秘儀とも結びつき、ダキニ天へと変成していく。一方、伊勢神宮・外宮《げくう》の祭神トヨウケは天地創成の根元神アメノミナカヌシへと変貌し、あるいはクニノトコタチ神は「虚無大元《こむだいげん》尊神《そんじん》」という天地に先立つ創造神となっていく……。

中世神話の世界とは、お馴染みの古代神たちが、仏教や儒教、陰陽道などの最新のロゴスをまとい、まったく新しい「神」へと変貌を遂げていく、スリリングなドラマであったのである。

では中世神話のスサノヲは、どのように変貌していくのか。詳しくは本論をお読みいただきたいが、その一端を紹介しておこう。

スサノヲ、七変化

たとえば、天空に聳《そび》える巨大神殿＝出雲大社に祭られる神は、ご存知のとおりオホクニヌシである。『古事記』ではオホクニヌシの「国譲り」との交換条件として創建された由来が語られる。しかし、中世神話の世界では、出雲大社に祭られる神はスサノヲであったのだ。なぜスサノヲなのか。その背景を探るとき、ある神話では悪神たるスサノヲの流刑地であり、また別の神話では、スサノヲが出雲の国土を作り上げた創成神ともなる。出雲大社のスサノヲを「日本国の神の親」と呼ぶ神話も出てくる。あるいは出雲＝根国は地獄とされて、なんとスサノヲは地獄の閻魔王《えんまおう》へと変貌し、その本地《ほんじ》（本質の姿）は地蔵菩薩だったともいう。

さらにスサノヲは恐ろしい行疫神と結びつき、京都の祇園社（現・八坂神社）の祭神たる牛頭天王《ごずてんのう》へとトランスフォーム（変身）する。そのときスサノヲは「異国の神」とされ、さらには盤古神《ばんこしん》、新羅明神《しんらみょうじん》、赤山明神《せきざんみょうじん》、摩多羅神《またらしん》あるいは金比羅神《こんぴらしん》もすべてスサノヲ、という言説が広がっていく。

一方、悪神たるスサノヲはなぜ英雄なのか、なぜ異国神が日本の神の親となるのか、あるいは罪の化身として祓《はら》われながら、祓えの主体ともなるという両義性から、「善悪不《ふ》二《に》」という仏教教義と接近して、さらに仏教を超えた「神学」をも産み出していくことになる……。

いやはや、中世神話のスサノヲは、古代以上にパワフルで、めまぐるしいほど、その姿を変え、成長を遂げていく神であったのだ。まさしくスサノヲ、七変化である。

中世神話とスサノヲ

それにしても、こうした中世神話、中世のスサノヲは、どう位置付けたらいいのだろうか。まったくの牽強付会《けんきょうふかい》で荒唐無稽な代物で、そんなものは「学問」の対象ではないという意見もあろう。実際、つい近年まで、中世の『日本書紀』注釈学は読むに値するものはなにもないと、きっぱりと切り捨てた学者もいるぐらいだ。

中世日本紀、中世神話などは、勝手に古典を作り変え、また過去の有名人に仮託する、いわば偽書のオンパレードであり、なによりも「神話」は、純正な古代を伝えることに価値があるのだから、中世の神話などは、不純な、二次的な創作物にすぎないとされてきたのである。

けれども、われわれの近代が無条件に信じていた価値観や思考法が揺らぎ、八〇年代以降の「ポストモダン」と呼ばれる時代にはいると、今まで切り捨てられてきた、中世の神話世界に新しい光が当てられてきた。

近代的な価値観から見れば、融通無碍《ゆうづうむげ》と思える神々の変貌、神話の再生産には、硬直した近代のイデオロギーとは違う、より自由な知や想像力の可能性が秘められているのではないか。「偽書」として切り捨てられたテキストは、近代的な原典主義とは違うロジックで造られているのではないか。そこには近代の「主体」とは違う立ち位置が見えるのではないか。そしてなによりも、中世神話のアナーキーな世界は、「万世一系」とされた天皇制イデオロギーなども通用しない、もっと底ぶかい「日本」の宗教文化とともに、さらに複雑怪奇な権力構造を教えてくれるのではないか……。

中世神話のスサノヲ。その縦横無尽に変化《へんげ》する神話世界から、硬直した「近代」にたいする異議申し立てのメッセージを読みとること。そしてそれは、われわれが「古代」と見なしていたものも、じつは近代の側で作られたものであることも教えてくれるに違いない。

さて、どんな中世神話のスサノヲと出会えるのか。本論を始めよう。

『記』『紀』『風土記』神話のスサノヲ

スサノヲ神話をどう読むか

本書のテーマは、中世という時代に大きく変貌したスサノヲの姿を捉えていくことにある。一般には知られていない、中世神話のスサノヲがこの本の主人公である。

しかし中世神話のスサノヲは、突然に出現してくるわけではない。あくまでもそのベースになっているのは、古代神話のスサノヲだ。『古事記』『日本書紀』、さらには『出雲国風土記』に語られるスサノヲ神話をもとにしながら、それが中世という時空のなかで、大きく読み替えられ、作り替えられていくことで、古代とはまったく異なった中世のスサノヲが顕現してくるのである。

そこで中世に変貌するスサノヲの神話世界に分け入るまえに、まずはそのベースとなっている古代神話のスサノヲを再検討しておこう。

いや、多くの読者にとって、古代神話のスサノヲはすでによくご存知かもしれない。「記紀神話」と呼ばれるお馴染みの神話に出てくるスサノヲである。いまさらあらためてそれに触れる必要もない、と。

けれども、これから見ていくように、多くの読者が知っているつもりの「記紀神話」のスサノヲというのも、『古事記』と『日本書紀』とをそれぞれ丁寧に読み比べてみると、じつはかなり違った姿が見えてくる。極端にいえば、『古事記』と『日本書紀』というふたつの書物のなかに、それぞれ別のスサノヲがいる、といってもいいぐらいだ。

これは近年の『記』『紀』研究、神話研究の動向ともリンクする。『古事記』『日本書紀』を「記紀神話」と一括して論じてきたことを反省し、『古事記』『日本書紀』をそれぞれ別個の「神話」として読み解くことを進めた研究である。『記』『紀』がそれぞれ別個の神話世界を伝えるならば、当然、そこに登場するスサノヲもまた、『記』『紀』で違う姿をしているだろう。その違いのなかに、中世においてスサノヲが変貌していく鍵が潜んでいるのでは？　その意味でも、「記紀神話」のスサノヲをもう一度、丁寧に読みなおすことは、中世のスサノヲ神話を探究していく本書にとっても欠かせない課題になるのである。

まずは『記』『紀』という神話テキストの違いを再確認するために、あらためて『記』『紀』の成り立ちから見ていくことにしよう。

『記』『紀』成立の経緯

『古事記』が成立したのは、平城京遷都から二年後の和銅五年（七一二）である。編述者は太安万侶《おおのやすまろ》。それから八年後の養老四年（七二〇）に、舎人《とねり》親王たちの編纂したものが『日本書紀』である。一般には、中国を意識した正統的な漢文体を駆使し、中国思想に潤色された国際派の『日本書紀』にたいして、『古事記』はヤマト古来の神話や歌謡、口語りの伝承を伝え、ヤマト国内の豪族たちを天皇のもとに結集させることを目的とした国内派という区別で説明されている。

『記』『紀』の編纂事業の始まりは、ともに七世紀後半の天武天皇の時代に遡る。天智天皇の皇子・大友皇子との皇位継承に端を発した「壬申の乱」（六七二）に勝利し、即位した天武天皇（?〜六八六）は、中国から輸入した律令の法律を整備し、畿内豪族たちを国家の官僚として組織し、あらたな中央集権国家の確立をめざした。そして皇祖神アマテラスを祭る伊勢神宮を頂点とした神祇組織を整備し、寺院・僧尼を統制し鎮護国家のための仏教として位置づけ、中国風の礼法・衣服・結髪法・乗馬法などを大胆に取り入れ、ヤマト国家を「帝国」中国を中心とした東アジアの国際秩序の一角を担う存在へと変貌させていったのである。

こうした国家形成のプロセスで重視されたのが、自らの国家の起源とその歴史を記す修史事業であった。天武十年（六八一）、天皇は川島皇子、忍壁皇子《おさかべのみこ》らに「帝紀」（歴代天皇の系譜・事績）と「上古諸事」（伝承や説話・来歴）の内容を定めさせ、その記録作業を行わせ（『日本書紀』）、また稗田阿礼《ひえだのあれ》に「帝紀」「旧辞」の正しい内容を誦《よ》み習わせた（『古事記』序）。それらの修史事業は、平城京遷都をはさんで、天武の皇子である舎人親王をリーダーとする国史編纂グループによって『日本書紀』へとまとめられ（『続日本紀』養老四年）、一方、天智天皇の皇女である元明天皇の時代に、阿礼の誦み習った「勅語の旧辞」は、太安万侶の手で文字化され『古事記』として撰上されることで、ひとつの完成を見たのである。ただし『古事記』成立の経緯を記す「序」は平安時代初期の偽作という説がある〔三浦佑之、二〇〇七〕。

『古事記』は上巻・中巻・下巻の三巻だて。神話＝神代は上巻。中巻は初代天皇の神武から応神天皇まで、下巻は仁徳天皇から七世紀初期の推古天皇までの事績を記している。一方『日本書紀』は全三十巻。神代は一、二巻で、以下、三巻の神武天皇から七世紀後半の天武天皇の妻・持統天皇までの記事を載せている。また『日本書紀』の神代巻は、編纂者が正伝と認定した「正文」（本文、本書とも言う）の神話とともに、「一書」と呼ぶ多数の異伝を載せている。これは『古事記』にない特徴だ。『日本書紀』に載った「一書」によって、現代のわれわれは多様な古代神話の世界を知ることができるのである。さらに、この「一書」の神話が、中世の神話変貌に大いに利用されたことは、後の本論で詳しく見ることになろう。

このように『古事記』と『日本書紀』（後にふれる『風土記』もともに）とは、天武天皇に起源する律令制国家の成立と深く関わるテキストであった。それらは中国史書の「書」「伝」「地理志」というスタイルにもとづきながら、それをヤマト風に変換した（中国の史書どおりに作れなかった）書物たちであったといえよう（三浦佑之、二〇〇七）。

しかし、あらためて、なぜ同時期に『古事記』と『日本書紀』という、ふたつの史書が作られたのか。その違いはどこにあるのか。

『古事記』『日本書紀』の違いとは

「記紀神話」の違いを冒頭の天地創成の場面から見てみよう。まずは『古事記』の天地創成の神話――。

天地《あめつち》初めて発《おこ》りし時に、高天《たかま》の原に成りませる神の名は、天之御中主《あめのみなかぬし》の神。次に高御産巣日《たかみむすひ》の神。次に、神産巣日《かむむすひ》の神。此の三柱の神は、みな独神《ひとりがみ》と成りまして、身を隠したまひき。（『古事記』上巻）

天地が初めて出現した時に、高天原に誕生した神々から語っていく。ここにはそもそも天地がどのようにして出来たのか、という天地起源神話はない。始元の神々が誕生する「高天原」というヤマト固有な天上世界から神話はスタートするわけだ。

これにたいして、天地の起源から語り起こすのが『日本書紀』である。

古《いにしへ》に天地《あめつち》未だ剖《わか》れず、陰陽《めを》分《わか》れず、渾沌《こんとん》にして鶏子《とりのこ》の如《ごと》く、溟涬《めいけい》にして牙《きざし》を含《ふふ》めり……。（『日本書紀』神代上・第一段・正文）

そして陰陽の気が分離し、軽く澄んだ陽の気が上昇して「天」を作り、重く濁った陰の気は下降して「地」を作った。その天地のあいだに最初のクニノトコタチという神が誕生すると『日本書紀』は語っていくのである。それは陰陽説にもとづく神話とされる〔神野志隆光、一九九九〕。

「陰陽説」とは、宇宙・世界は陰と陽のエネルギーの対立・和合・調和の運動によって出来上がり、発展していくという思想。古代中国で作られた一種の「自然哲学」である。陰陽説にもとづく『日本書紀』では、天地以前の、なにもない「渾沌」のなかにまず陰陽の気が生じ、やがて陽の気が上昇し「天」を作り、遅れて陰の気が滞り固まって「地」となるという「天地《てんち》開闢《かいびやく》」の神話が記されていくのだ。

それは古代中国の『淮南子《えなんじ》』や『三五暦記《さんごれきき》』という書物の表現を継ぎ接《は》ぎしたものとされるが、陰陽説にもとづく天地開闢神話を冒頭に置くことで、『日本書紀』は、「帝国」中国が形成する「東アジアのユニヴァーサル」な空間の一員たる地位が保証される歴史書となりえたのである〔呉哲男、二〇〇三〕。

したがって、『日本書紀』には「ヤマト」という土地の具体性がなく、「高天原」というヤマト固有の天上世界も出てこない（ただし一書〈第四〉のなかに「ある説」として出る。非常に小さな扱いである）。具体的な高天原が出てこないかわり、天地という抽象的・普遍的な世界の起源を語ることができたのである。

一方『古事記』のほうは、普遍的な天地が出現したあとの、ヤマトにとっての天上世界＝「高天原」から神話を語り始める。『古事記』では天上の神々が居住する高天原にたいして、地上世界を「葦原中国《あしはらのなかつくに》」と呼ぶ。どちらも「原」のイメージが籠められている。中国の陰陽説をベースにした抽象的・普遍的な「天地」から始める『日本書紀』にたいして、『古事記』はヤマトの人々が生活する「葦の原」（豊葦原の瑞穂《みずほ》の国）に対応する神々の他界＝高天原から神話を語り始めたといえよう。

グローバリズムの時代のなかで

それにしても、こうした「記紀神話」の違いは、どう考えればいいのだろうか。もう一度、『記』『紀』が作られた時代背景を見直してみよう。その時代、八世紀とは東大寺の大仏建立に象徴される仏教文化、また儒学や陰陽説、暦・天文といった外来知識、さらに遠くインドやペルシアの文物がシルクロードを経て入ってくる、日本の歴史のなかでも類を見ないほどの国際交流が盛んな時代である。

古代日本は、「帝国」たる中国が形成する東アジアのユニヴァーサルな均質空間のなかに位置づけられる。そうした時代のただ中で作られたのが『記』『紀』である。現代ふうにいえば、グローバリズムの時代といってもいいだろう。

すなわち『日本書紀』とは、「帝国」中国を世界基準とする「グローバル・スタンダード」の神話を目指したものであり、一方『古事記』は、均質的なグローバリズムの進行で喪失してしまう「ローカル・アイデンティティ」を取り戻そうとする神話といってもよい。『日本書紀』が世界基準たる「天地」の開闢から始めるのにたいして、『古事記』がそこに出てこない「高天原」というヤマトの地域性にこだわるのは、その端的な表現であった。

もっとも『古事記』は中国的思想をまったく無視しているわけではない。うまい具合に取り込んでいる。その意味では、グローバルとローカルとの対立を止揚した「グローカル」の神話ともいえよう〔斎藤英喜、二〇一〇〕。

『記』『紀』の違いを象徴するのが、『古事記』の神代全体の四分の一ほどの分量をもつ、オホクニヌシを主人公とした「出雲神話」の存在である。因幡の白ウサギ、根国《ねのくに》でのイニシエーション〔通過儀礼〕などのオホクニヌシの神話は、『古事記』のみに伝わるものだ。そうしたエピソードは『日本書紀』にはまったく出てこない。出雲神話を重視していることが、『日本書紀』とは違う『古事記』の特徴であることは、まちがいないだろう〔三浦佑之、二〇〇三〕。

さて、こうした『古事記』の特徴を示す「出雲神話」の始まりとなるのが、スサノヲである。出雲へと降ったスサノヲがヤマタノヲロチを退治し、クシナダヒメと結婚した、その六世の子孫がオホクニヌシ（オホナムヂ）であった（なお『日本書紀』ではスサノヲとオホナムヂは親子関係。また『日本書紀』正文には「オホクニヌシ」の名称はない）。出雲神話が『古事記』の特質といったとき、「出雲」と密接な関わりをもつスサノヲは、重要な意味をもつことが充分考えられよう。

では、『記』『紀』の違いは、スサノヲ神話のなかにどのように反映されるのだろうか。『記』『紀』のスサノヲ神話の世界に分け入ってみよう。

多彩なスサノヲ神話

波乱万丈のスサノヲ神話

イザナキは、死んだ妻のイザナミを追って黄泉国《よみのくに》に赴くが、腐った妻の死体を見て恐ろしくなり逃げ帰ってくる。黄泉国の追っ手から逃れ、妻との離縁を宣言し、筑紫の阿波岐原《あわぎはら》で死の穢《けが》れの禊祓《みそぎはら》えをしたとき、洗った左目からアマテラス、右目からツクヨミ、そして鼻からスサノヲが誕生した。

アマテラスとツクヨミはイザナキの命令に従って、「高天原」「夜の食国《をすくに》」の支配につくが、スサノヲだけは父イザナキの命令に背き、死んだ母イザナミのいる「妣国根之堅州国《ははがくにねのかたすくに》」に行きたいと大人になるまで泣き喚き、そのために山の木々を枯らし、海川の水を干上がらせてしまう。そこでイザナキから「この国に住むべからず」と追放される。

追放されたスサノヲは、姉のアマテラスが支配する高天原に赴くが、ここでもコントロールできない力のままに、アマテラスの神聖な神殿を穢し、神の衣を織る機織り女を殺害し、高天原の秩序を破壊してしまう。そしてついにアマテラスを岩屋に籠らせてしまい、高天原と地上を永遠の闇の世界に陥れた。やがてアメノウズメが神がかりの舞いをはじめ、八百万《やおよろず》の神々による祭りを受けてアマテラスが岩屋から迎えだされる。と同時に、スサノヲも八百万の神たちに多数の罪の贖《あがな》い物を差出し「祓へ」を受けて、高天原から追放される。そしてスサノヲは出雲の国へと降り立っていくのである。

だが、出雲を舞台とした神話からスサノヲのイメージは一変する。今までの荒々しい神から、ヤマタノヲロチの犠牲になるクシナダヒメを助け、ヲロチを退治する英雄神へと変貌する。かくしてスサノヲはヲロチの尾から発見した神聖な剣をアマテラスに献上し（草《くさ》薙《なぎのつるぎ》剣の由来）、出雲の土着の神の娘クシナダヒメと結婚し、出雲のあらたな神になる。その子孫にはオホクニヌシが誕生し、後には「根之堅州国」でオホクニヌシをバックアップする祖神＝老賢者の役割を担うことになるのであった……。

このようにストーリーを要約しただけでも、スサノヲは波乱万丈のファンタジー小説顔負けの活躍ぶりをしめすことがわかる。怪物を退治して姫を助ける有名なエピソードは、アンドロメダ神話との類似性が指摘されるところだ。しかし何よりも興味深いのは、スサノヲという神が一義的な性格づけを拒否するような、きわめて多面的で矛盾に満ちた相貌をもつところだろう。いったいスサノヲは強暴な荒ぶる神なのか。姫を救出する正義の英雄なのか。あるいは地上支配の祖神なのか――。

ところで、今紹介したスサノヲ神話のストーリーは、『古事記』にもとづくものだ。『日本書紀』のほうを見ると、じつはその展開はかなり違っていた。

『日本書紀』のスサノヲとは

まずスサノヲがイザナミの死後、イザナキの禊祓えから生まれたという展開は、じつは『古事記』にのみ伝わるものだった。『日本書紀』正文では、スサノヲはイザナキ・イザナミの両親から生まれている。なぜなら『日本書紀』正文ではイザナミは死なないし、したがって黄泉国のエピソードも出てこないのだ（ただし「一書」のなかにはある）。どうしてそんな違いがあるのだろうか。その謎を解く鍵は、『日本書紀』が陰陽説にもとづく神話であることに潜んでいる。

『日本書紀』では男神のイザナキは「陽神《をかみ》」、女神のイザナミは「陰神《めかみ》」と表現される。陰陽の関係が男女に配当されるのだ。陰陽の気の運動で天地が作り出されるように、陽神と陰神の交歓・和合によって、国土、万物が誕生・生成していく。それゆえ、もし陰神のイザナミが途中で死んでしまうと、陰陽の二気の片方が消滅することになり、その時点で世界の生成が終わり、世界は滅んでしまう。だから陰陽説にもとづく『日本書紀』では、陰神たるイザナミの死は語られないのである〔神野志隆光、一九九九〕。一方、『古事記』

は陰陽説とは関係がないので、イザナミは死に、黄泉国のエピソードが語られていくというわけだ。

　このように『日本書紀』のスサノヲは、イザナキ（陽神）とイザナミ（陰神）の両親のあいだから誕生する。まさに陰陽の気の和合の結果だ。ではそうすると、どういう理由でスサノヲは追放され、「根国」に赴くことになるのか。イザナミが生きている『日本書紀』では、亡き母を恋しがるという話は当然ないわけだから、『古事記』とは別の理由が必要となる。

　『日本書紀』正文を読んでみよう。

> （イザナキ・イザナミ二神は）次に素戔烏尊《すさのをのみこと》を生みたまふ。【一書に云はく、神《かむ》素戔烏尊、速《はや》素戔烏尊といふ】此の神勇悍《ようかん》にして忍《にん》に安《やす》みすること有り。且常《またつね》に哭泣《な》くを以ちて行《わざ》と為す。故、国内《くぬち》の人民《ひとくさ》を多《さは》に以ちて夭折《わかじに》せしめ、復《また》青山を枯《からやま》に変へしむ。故、其の父母二神《ふたはしらのかみ》、素戔烏尊に勅したまはく、「汝甚だ無道《あづきな》し。以ちて宇宙《あめのした》に君《き》臨《み》たるべからず。固《もとより》当遠く根国に適《まか》れ」とのりたまひて、遂に逐《やら》ひたまふ。
>
> （『日本書紀』神代上・第五段・正文）

スサノヲは生まれついたときから泣き喚き、そのために自然を破壊し、人民を早死にさせるような乱暴者だった。だからイザナキ・イザナミの両親は文句なく、この子に天下を支配する資格はないと「根国」に追放してしまうのである。つまり彼らは天下を支配するものを生もうとしたのだが、それに失敗してしまったわけだ。このことは、スサノヲが天下の支配者でありうる可能性をもったことを暗示する。この点は注意しておこう。

では、なぜスサノヲは、生まれつき乱暴な神として生まれたのか。

悪神、スサノヲ

なぜスサノヲは生まれつき悪なる神とされるのか。『日本書紀』の「一書」が、その理由を説明してくれる。

初め伊弉諾《いざなき》・伊弉冉尊《いざなみのみこと》、柱《みはしら》を巡りたまひし時に、陰神《めかみ》先づ喜びの言を発《あ》げたまふ。既に陰陽《めを》の理《ことわり》に違へり。所以《このゆゑ》に今し蛭児《ひるこ》を生みたまふ。次に素戔烏尊を生みたまふ。此の神性悪《さがあ》しく、常に哭《な》き恚《ふつく》むことを好む。国民多《さは》に死に、青山《からやま》を枯に為す。故、其の父母勅して曰はく、「仮使《たとひ》汝此の国を治《し》らさば、必ず残傷《そこなひやぶ》る所多けむ。故、汝は以ちて極めて遠き根国を馭《し》らすべし」とのたまふ。

（『日本書紀』神代上・第五段・一書〔第二〕）

イザナキ・イザナミは天の御柱を旋回して、互いに愛情表現を発して子どもを生もうとした。だが女神であるイザナミが最初に言葉を発したために、ヒルコやアハシマという出来損ないの子が誕生した……、というのは『古事記』にも伝わる有名な神話だ。女神が最初に「あなにやし、えをとこを」と喜びの言葉を発したことが良くなかったという記述は、夫唱婦随、男尊女卑の思想が背景にあるとされてきたところだ。

さらに『古事記』では、イザナミを「妹《いも》」と呼ぶところから、ふたりはもともと兄妹で、したがってイザナキ・イザナミ神話は、沖縄や中国に伝わる兄妹始祖神話のパターンとも考えられる。最初の結婚は兄妹のあいだで行われ、生まれた子は人間以外の子であったが、何度か失敗を繰り返しているうちに最後は、人間が生まれて、その子が共同体の始祖となっていくというスタイルである。『古事記』の神話には兄妹婚神話の古層の姿がうかがえるのである〔古橋信孝、一九九二〕。

しかし、先に引用した『日本書紀』の一書〔第二〕では、『古事記』とはまったく違う説明をしている。女神が先に喜びの声を発したことを「陰陽の理」に反したという。そのためにヒルコやスサノヲが誕生したというのだ。

陰陽説にもとづけば、陽の気から最初に「天」が作られ、後に遅れて陰の気が「地」となる。これが「陰陽の理」である。つまり陰陽説の道理に従えば、つねに陽の気が先で、陰の気は後なのだ。もう理解できよう。そう、「陰」の神イザナミが最初にアクションを起こしたのでは、「陽」から物事は始まるという「陰陽の理」に違反する。その違反の結果、ヒルコやスサノヲという出来損ないの子、悪逆の子が生まれたというわけだ。まさしく両親の結婚の失敗の結果生まれた子だった。

ここでスサノヲの悪なる神格は決定づけられていた。つまり一書〔第二〕の説明をふまえれば、スサノヲは陰陽の道理に反した状態で誕生した神であり、それは世界の秩序を侵犯していく存在に位置付けられる。だから、彼は「悪神」として遠い「根国」へと追放されるというわけだ。

ならば『古事記』が語るスサノヲはどうだろうか。

『古事記』はどう描いているか

たしかに『古事記』のスサノヲもイザナキの命令を聞かず、「この国に住むべからず」と追放され「根国」に赴く。そのストーリーは同じだ。だが、『古事記』の場合、重要なポイントは、スサノヲが自ら「妣国根之堅州国」に行きたいと訴えたところにある。

『古事記』の文脈では、「妣国根之堅州国」とは、死んだイザナミのいる「黄泉国」と同義となろう。つまり死体が腐っていく死の穢れの国だ。イザナキからすれば、その死の穢れを禊祓いして、清浄な状態になったときにアマテラス、ツクヨミ、スサノヲという尊い三神を得たのに、あろうことか、そのなかのひとりの息子が、穢れた死の国である黄泉国＝根之堅州国へ行きたいとなどと主張した。それで、イザナキは烈火のごとく怒って「この国に住むべからず」と追放したのである。「黄泉国＝根之堅州国」は、葦原中国《あしはらのなかつくに》にとって、忌避されるべき死の世界であるからだ。

そして追放されたスサノヲは、ご存知のように姉のアマテラスの高天原でも暴れまわり、今度は高天原の神々から二度目の追放を受ける。ここから見れば、『古事記』のスサノヲもやはり世界の秩序を破壊していく「悪神」といえよう。

けれども『古事記』のスサノヲの場合、どうも単純には「悪神」と規定できない面がある。いま、スサノヲが行きたいと言った「妣国根之堅州国」をストレートに黄泉国と解したが、じつは根堅州国と黄泉国との関係については、従来から議論があるように、簡単にはイコールと結べない面がある。スサノヲ神話の展開からは、「根之堅州国」が地上世界からは忌避される死の穢れの国とは違う面をもつからだ。

もうひとつの「根之堅州国」

出雲に降ったスサノヲはヤマタノヲロチを退治して、クシナダヒメと結婚する。ふたりのあいだに生まれた子どもの六世がオホナムヂ、後の出雲の支配者となるオホクニヌシである。異母兄弟のヤソガミたちの虐《いじ》めを受けていたオホナムヂは、自らの先祖であるスサノヲがいる根之堅州国へと逃亡し、スサノヲに助けを求める。このエピソードのなかで、スサノヲは根之堅州国の「大神」として再登場してくるのだ。

オホナムヂが訪れた根之堅州国は、先祖神がいる他界という意味では死後の世界であるが、そこは黄泉国のように死体の腐っていく穢れの国ではなかった。オホナムヂにとって根之堅州国は、地上に豊饒をもたらす根源的な力がひそむ場所としてあらわれてくるのである〔西郷信綱、一九九三〕。そして、ここに登場するスサノヲもまた、世界の秩序を破壊した荒ぶる神というイメージとは異なる「大神」と呼ばれる相貌を見せてくれるのだ。

根之堅州国に赴いたオホナムヂは、スサノヲの娘のスセリビメと恋に陥り、スサノヲから様々な試練を課せられる。それを見事クリアーしたオホナムヂは、スセリビメを背中に負い、また根之堅州国の呪宝である太刀、弓、琴を盗んで根之堅州国から脱出してくる。そのときスサノヲは、オホナムヂにむけてこう宣言した。

おれ、大国主の神となり、また宇都志国玉《うつしくにたま》の神となりて、そのわが女《むすめ》、須世理毘売《すせりびめ》を適妻《むかひめ》として、宇迦《うか》の山の山本に、底つ石根《いはね》に宮柱ふとしり、高天原に氷椽《ひぎ》たかしりて居《を》れ。この奴《やつこ》や。（『古事記』上巻）

スサノヲは、オホナムヂに地上の王たる「大国主神」の名前を授け、自分の娘を正妻に迎えて、葦原中国の王となれと祝福の言葉を与えた。オホナムヂにとって、根之堅州国という他界は、「大国主神」＝大いなる国の主の神へと成長していくイニシエーションの舞台であったのである。

このエピソードから見えてくる根之堅州国は、地上世界から忌避される死の穢れの他界ではない。葦原中国を支配する王たるものに特別な力を注入する根源的な世界である。したがって、そこに君臨するスサノヲも、この世の秩序を破壊する悪神ではなく、地上を支配する王をバックアップする老賢者＝大神といえよう。『古事記』の神々はストーリーにそって「成長」していくのである〔斎藤英喜、二〇一〇・a〕。

一方、『日本書紀』では、オホナムヂが根国に行って、スサノヲに力を授かってくるという神話はまったくない。そもそも『日本書紀』には、オホナムヂを主人公とした因幡の白ウサギのことも、異母兄弟からの迫害のことも、それを乗り越えて「大国主神」へと成長するという、古代神話としてもっとも魅力溢れる物語が、一切カットされているのだ。『日本書紀』の「根国」は、地上支配を支える根源的な他界ではない。それゆえ『日本書紀』では、オホナムヂは悪神スサノヲの子どもとして、天上のアマテラスから一方的に成敗されていく「残賊《ちはやぶ》強暴る横悪《あ》しき神」〔第九段・一書〔第二〕〕と規定されてしまう。『日本書紀』が描くスサノヲ・オホナムヂは、ヤマトの神アマテラスから征服される、「悪神」でしかなかったのだ。

このように『記』『紀』のなかでスサノヲの相貌はかなり違うことがわかってきた。その違いをさらに、ヤマタノヲロチ退治神話からも見てみよう。

ヤマタノヲロチ退治譚　スサノヲの魅力がもっとも発揮されるのは、やはりヤマタノヲロチ退治神話だろう。巨大で禍々《まがまが》しい水蛇神ヲロチの生贄になるクシナダヒメを救うためにヲロチと戦う姿には、ギリシャの怪物退治の英雄ペルセウスと共通点をもつことはよく知られていよう。

ヲロチに酒を飲ませ、酔って寝た隙にヲロチを切り殺したスサノヲは、土地の巫女・クシナダヒメと結婚し、「八雲たつ出雲八重垣妻籠《つまご》みに八重垣作るその八重垣を」という有名な歌を詠んで、出雲のあらたな始祖神となる。また倒したヲロチの尾から発見した霊剣は、高天原のアマテラスに献上し、その剣が後に「草薙剣《くさなぎのつるぎ》」となり、天皇家の三種の神器のひとつとされるのである。ヲロチ退治神話は、天皇王権のレガリア（象徴）・草薙剣の由来譚でもあったわけだ。

こうしたストーリーの展開は、『記』『紀』ともに大きな違いはない。だが、『古事記』神話の根之堅州国がたんなる死の穢れの国ではなく、また根之堅州国のスサノヲが、地上の王となるものに力を授ける老賢者＝「大神」へと変貌する展開を視野にいれると、『古事記』のヲロチ退治神話には、別の意味合いが見えてくる。つまりスサノヲがヲロチを退治することの深層には、荒ぶる神たるスサノヲが、葦原中国＝出雲の始祖へと成長するというモチーフが読みとれるのだ。

高天原から追放された荒ぶるスサノヲが、なぜ出雲に降りたとたんに、怪物退治をする英雄に変貌するのか。これまでも疑問とされてきた難問だ。たとえば歴史学的な視点からは、高天原系のスサノヲ、出雲系のスサノヲといったふたつの別の系統の神話があり、それが『古事記』で統合されたために神の性格に矛盾が生じたという説明がなされてきた。『古事記』がどのように成立したのか、という視点からの研究だ。もう一方、構造主義的な神話学からは、「英雄」と「怪物」とのあいだの共通点に注目する研究がある。それを参考にしてみよう。

クシナダヒメを生贄とする八頭八尾の大蛇の怪物であるヲロチは、水蛇神でありつつ、人間にはコントロールできない氾濫する川や自然の暴威の象徴である。その荒々しい姿はスサノヲと共通する。つまり両者はともに「自然」の荒々しい力を体現していた。そのとき高天原から追放されたスサノヲにとってヲロチは、じつは鏡に写ったもうひとりの自分でもあった。スサノヲがヲロチを退治するのは、自分のなかのもうひとりの自分＝負の存在を否定し、それを超克することを意味した。スサノヲはもうひとりの自分である「怪物」ヲロチを退治することで「英雄」として社会に迎えられていく、というロジックである〔小松和彦、一九九七を参考〕。

ちなみに、こうした英雄と怪物の両義性は、一寸法師や桃太郎、酒呑童子《しゅてん》など、鬼退治の昔話・説話にも見出すことができる。昔話や伝説などにも通じる普遍的な性格をもつこともまた、スサノヲ神話の大きな魅力といえよう。

かくして『古事記』におけるヲロチ退治譚とは、スサノヲが出雲という土地の支配神＝始祖神となると同時に、あらたな王であるオホクニヌシに力を授ける老賢者へと「成長」していくためのイニシエーションと解釈できよう。『古事記』のスサノヲは、「出雲」という場所と深く通じる神であったわけだ。それは『古事記』が『日本書紀』にくらべて、圧倒的に「出雲」の世界を尊重し、その神話を語り伝えたこととも関わるだろう。

以上のように、これまで「記紀神話」として一括されてきた古代神話のなかのスサノヲも、それぞれのテキストを丁寧に読み込むと、まったくといっていいほど違う神の姿が見えてきただろう。

陰陽の道理に反して誕生した悪神としてのスサノヲ。一方、荒ぶる神でありながら、ヲロチ退治の英雄へ、そして土地の始祖神、冥府の老賢者へと成長する神。あるいは怪物退治の神話に秘められた天皇王権のレガリアの謎。さらにヤマタノヲロチという怪物の素性……。

古代神話のなかに顕現してくる、いくつものスサノヲ像は、やがて中世という時代にあって、スサノヲが多様に変貌していくときの重要な起点になるようだ。はたしてどのような変貌を見せてくれるかは、以下の章でじっくり探索していくことにして、もうひとつ、「記紀神話」とは異なる古代のスサノヲ像を見ておこう。『出雲国風土記』に伝わるスサノヲ神話である。

『出雲国風土記』のスサノヲ神話

『出雲国風土記』も、『記』『紀』と同じく八世紀に作られた書物だ。まずはその成立事情を説明しておこう。

太安万侶が『古事記』を元明天皇に献上したとされる和銅五年（七一二）の翌年五月、朝廷から諸国の国司にむけて、自国の「地理志」の報告（解文《げぶみ》）が求められた。その内容は、国名に「好字」をつけること、特産物・土地の肥沃の程度を記すこと、山川原野の名前、さらに「古老」が伝えた伝承・由来を報告することにあった。それは律令国家が「諸国の境界」〈天武十二年〈六八三〉〉を定め、国土・人民を掌握して国家の支配領域を定めていくという国家意思に見合う事業といえよう。『記』『紀』という「史書」の編纂と「地理志」の編纂とはワンセットであったわけだ〔三浦佑之、二〇〇七〕。

なお、朝廷の命令に答えて上申された諸国の「解文」（風土記の名称は後世のもの）のうち、現存しているのは出雲のほか、常陸・播磨・肥前・豊後の五ヵ国だけである。その他の国は散逸したが、後の時代の書物に断片が引用されて伝わっている。それを「逸文風土記」と呼ぶ。なお、「逸文風土記」が中世のスサノヲ神話の創出にとって重要な役割をもつことは後に紹介しよう。

『出雲国風土記』の成立事情

さて、もうひとつのスサノヲ神話を伝える『出雲国風土記』は、現存する他の四ヵ国の風土記とは、大きく異なる特徴がある。他の国の風土記は中央から国司として派遣された官人たちが編述の主体となっているが、『出雲国風土記』だけは、出雲国の「国造《くにのみやつこ》」（土着の王）で意宇《おう》郡の「大領《だいりょう》」（郡司）を兼任する出雲臣《おみ》が中心となって作成しているところだ。またその上申の年も天平五年（七三三）となっていて、和銅六年（七一三）の命令から二十年もたっている。こうした点から、『出雲国風土記』は「出雲国造家の氏文的所伝」をもとにして編纂したのではないかという水野祐氏の説もある〔水野、一九六五〕。『出雲国風土記』は、出雲土着の豪族勢力の神話が、ほぼそのままの形で伝わっている可能性を推測させてくれるのである。

実際、『出雲国風土記』には、他の風土記とは違って、ヤマト朝廷の「天皇」のことが出てこない。また『記』『紀』とはまったく趣きの異なる神話も少なくない。その代表的な例が、有名なヤツカミヅオミツノの「国引き神話」である。

それは『記』『紀』でいえば、冒頭に置かれた天地創成神話に対応する。だが、『出雲国風土記』のなかの「国引き神話」は、出雲の国は土地が狭いと思ったヤツカミヅオミツノが、周囲の国から、土地を引き剝がし、綱をかけて出雲の地へと手繰《たぐ》り寄せ、縫い合わせていくという内容のもの。それは雄渾で素朴な国作り神話となっている。とくにその表現が、音声やリズムを重視した口語りの調子を伝えていることから、出雲国造家に伝来した古伝承であることも指摘されている〔三浦佑之、二〇〇三〕。なお、中世のスサノヲの変貌にとって、この「国引き神話」が重要なモチーフとなるということをあらかじめ言っておこう。

近年、発見された加茂岩倉遺跡（島根県雲南市加茂町）での大量の銅鐸や、神庭《かんば》荒神谷遺跡（島根県簸川《ひかわ》郡斐川《ひかわ》町）の整然と並べられた三百五十八本あまり銅剣、さらに出雲大社の巨大柱の遺構（ただし中世の遺構）など、この地域にヤマトの天皇王権と拮抗する強大な王権が君臨していたことは疑えない歴史的事実である。国造家が伝えた『出雲国風土記』の神話世界は、そうした歴史を映し出しているともいえよう。

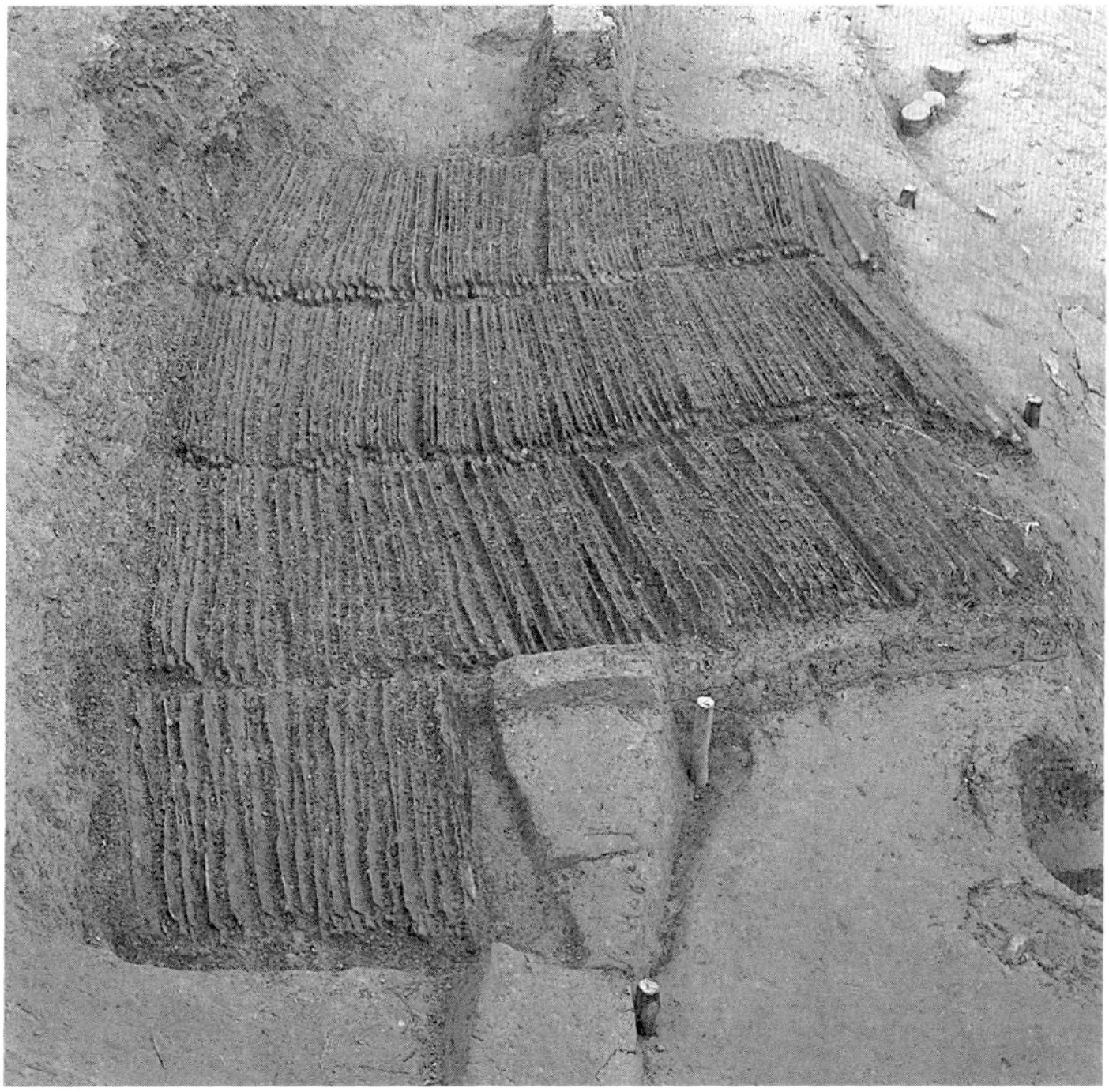

図２　神庭荒神谷遺跡の銅剣（文化庁所蔵，島根県立古代出雲歴史博物館提供）

図１　加茂岩倉遺跡より出土した銅鐸（上）と銅鐸の出土風景（文化庁所蔵，島根県立古代出雲歴史博物館提供）▶

では、『出雲国風土記』のなかで、スサノヲはどのような活躍を見せてくれるのか。残念ながらというべきか、逆に意味ありげというべきか、『出雲国風土記』のなかのスサノヲは、追放される荒ぶる神や、ヤマタノヲロチを退治する英雄神の相貌もまったく見せない。またオホナムヂに「大国主神」の名前を与える老賢者の風格も見ることはできない。

踊るスサノヲ

『出雲国風土記』のスサノヲは、たとえばこんな伝承のなかに姿を見せる。

須佐の郷。郡家の正西一十九里なり。神須佐能袁《かみすさのを》の命、詔《の》りたまひしく、「この国は、小《ちさ》き国なれども国処《くにどころ》なり。故《か》れ、我《わ》が御名《みな》は、木石《きいし》には着けじ」と詔りたまひて、すなはち己が命の御魂《みたま》を鎮め置き給ひき。然してすなはち大須佐田・小須佐田《をすさだ》を定め給ひき。故れ、須佐と云ふ。すなわち正倉《みやけ》あり。（飯石《いいし》郡・須佐の郷）

遠くから来訪した神が、その土地を気に入り、褒め称える言葉を発して鎮座する。やがてそこに人びとの村が始まる……。古橋信孝氏によって「村建て神話」「巡行叙事」と名付けられた古層の神話の様式である〔古橋、一九九二〕。こうした神の巡行神話は出雲国だけではなく、常陸国、播磨国の風土記にも見られるものだ。

それにしても、『出雲国風土記』のなかのスサノヲが「小さき国なれども国処なり」（小さな国ではあるが、国らしい適当な豊かさがある地だ）と言って、鎮座したとは、なんともこぢんまりとした神のイメージだろう。そこにはヲロチを退治し、また高天原で暴れまわった神の姿はない。小規模な共同体のなかで祭られているスサノヲの姿である（「私の名前はつまらぬ木石にはつけまい」と意地を張るところ、スサノヲらしいといえようか）。

ここからは『出雲国風土記』を作成した人びとにとって、スサノヲは「須佐郷の神」であるという意識が定着していたことは充分推測できよう（瀧音能之、一九九四）。

もう一例、『出雲国風土記』に伝わるスサノヲを紹介しよう。

古老《ふるおきな》伝へて云ひしく、須佐能袁の命、佐世《させ》の木の葉を頭刺《かざ》して、踊躍《をど》りたまひし時に、刺させる佐世の木の葉地に墜ちき。故《か》れ、佐世と云ふ。（大原郡・佐世の郷）

スサノヲが頭に「佐世の木の葉」という植物を挿して、踊りを踊った……。不思議な伝承だ。「佐世の木の葉」の正体は不明だが、巫女が榊の葉などを挿して舞うことと類似させれば、あきらかに呪術的なパフォーマンスであろう。鎮魂の舞踏という推測もある。ここにイメージされるスサノヲは、鎮魂の舞踏を舞い、病気治療などを行なうシャーマンとしての姿である。頭に挿した木の葉が落ちるのは、病気の原因の悪霊、邪霊などが離れたことを暗示するのかもしれない。

以上のように『出雲国風土記』が伝えるスサノヲ像は、断片的で捉えどころのない神である。だが、そこには『記』『紀』にはない、古層の土地神の姿が仄見《ほのみ》えるともいえよう。

『出雲国風土記』以外にもうひとつ、出雲国造《こくぞう》自身に関わる古代の神話資料を紹介しておこう。そのなかに、古代のスサノヲが中世へと変貌するときの重要な鍵が潜んでいるからだ。

「出雲国造神賀詞」を探る

出雲国造は代替わりに際して、朝廷のもとに参上し、天皇の世を称え、朝廷に奉仕することを陳べる儀礼がある。そのとき大極殿において天皇臨席のもとに行われたことが平安時代の記録（『延喜式』）から推定されている〔瀧音能之、一九九四〕。問題は、そこで奏上される「出雲国《いづものくにの》造《みやつこの》神賀詞《かむよごと》」（『延喜式』巻第八、収載）という詞章である。長大なものだが、スサノヲと関わるところを引用してみよう。

> 出雲の国の青垣山の内に、下つ石根《いはね》に宮柱太知り立て、高天の原に千木《ちぎ》高知り坐す伊射那伎《いざなき》の日のまな子、かぶろき熊野の大神、櫛御気野《くしみけのの》命、国作り坐しし大穴持命《おほあなもちのみこと》、二柱の神を始めて、百八十六社《ももやそまりむやしろ》に坐す皇神《すめがみ》等を……
>
> （「出雲国造神賀詞」）

この度、出雲国造に就任した「私」は、出雲の国のうちに堂々たる神殿を構えて鎮座するイザナキの御子神である熊野の大神クシミケノと国作りの大神・オホナムヂの二柱を筆頭に、出雲国内に鎮座する百八十六柱の神々を祝い祭ることで天皇の朝廷に奉仕することを誓う……といった内容である。

問題は、「伊射那伎の日のまな子、かぶろき熊野の大神、櫛御気野命」という神。いったい、どういう神なのか。『記』『紀』には出てこないこの神は、その名前からは霊異な力をもつ食物霊の神、農耕神といった解釈が一般的である。

また「熊野」とは、出雲国の東部の地域をさす。もともと国造家の本拠地は出雲東部、意宇地域にあり、その地域には「熊野大社」が鎮座していた。この意宇地域にいた国造家・出雲臣が十世紀ごろに出雲西部の杵築《きづき》地域に移住し、熊野大社の神とあわせて杵築大社（出雲大社）の神を祭ることになったというのが、歴史学者が推定する説である。そうした国造家の移住の背景は、平安時代における律令体制の変質と関わるようだ。伝統的な旧国造層（郡司）の支配権の動揺が、あらたな地域への移住を必要としたというのである〔井上寛司、一九九一〕。

要するに「出雲国造神賀詞」が陳べている、「熊野の大神」と「大穴持命」との二神を祭るという文面には、出雲国の東部と西部とを統合・支配した出雲臣・国造の権力拡大の背景が潜んでいるという解釈が可能となるわけだ。

そこであらためて問題となるのが、「伊射那伎の日のまな子、かぶろき熊野の大神、櫛御気野命」の素性である。その来歴は、出雲東部の熊野地方（意宇の地域）の土着神であっただろう。だが「熊野の大神」が「伊射那伎の日のまな子」、つまりイザナキの子神であるという系譜をもつとき、この神は大きく変貌していく。そう、イザナキの御子神といえば、スサノヲだ。「熊野の大神、櫛御気野命」は、スサノヲのことであるという解釈が、ここから派生していくのである。

かくして、出雲国造は、オホナムヂとともにスサノヲを祭ることで朝廷を守護する役割をもつという、あらたな神話が生まれることになるわけだ。それはやがて、出雲国造が奉仕する出雲大社（杵築大社）のなかに、オホナムヂとともにスサノヲが一緒に祭られていたという、奇怪な伝承をも生み出すことになる（『釈日本紀』巻第九）。まさしくそれこそ、中世神話の世界であった……。

以上見てきたように、多くの読者が知っているつもりでいた古代神話のスサノヲも、じつは『記』『紀』『風土記』「出雲国造神賀詞」というテキストによって、かなり違う神であったことを理解することができただろう。そこには「荒ぶる神スサノヲ」というキャッチコピーでは捉えきれない、複数のスサノヲ神話が語り伝えられていたのである。

いくつものスサノヲ。それこそ、中世のスサノヲ神話を生み出していく、重要な起爆剤であった。いよいよ、中世神話のスサノヲの世界へと分け入ることにしよう。

中世神話が語るもの

「中世神話」とはなにか

中世日本紀と中世神話

おそらく多くの読者にとって、「中世神話」とは馴染みのない言葉であろう。そもそも神話といえば、「古代」のものと考えるのが一般的な常識であるからだ。それに「中世」といった場合は、法然や親鸞、日蓮の活躍によって、仏教が民衆社会のなかに根付いていく「仏教の時代」というイメージが強い。そんな中世にあっては、非合理的、呪術的な神話は過去の遺物として忘れられ、消滅していったのではないか……。

ところが、近年の研究によれば、中世とは、古代以上に神話が活性化し、人びとのあいだに浸透していった時代であることがわかってきた。それを「中世日本紀」あるいは「中世神話」と呼ぶ。

あらためて「中世神話」とはなにか。それはまず古代神話＝『記』『紀』にたいする注釈からスタートする。ただし、その「注釈」のイメージは現代とはまったく違う。現代で古典を注釈するといった場合、古典の本文をより正しく、深く理解するための方法と考えられよう。しかし、中世においては「注釈」することは、『記』『紀』の本文から離れ、さらに新しい「本文」＝神話テキストを作り出すことであったのだ。中世における「注釈」とは、けっして受身の受容ではなく、積極的な「創造行為」であった〔小峯和明、二〇〇二〕。そうした注釈＝創造の過程で生まれたのが「中世日本紀」と呼ばれるものだ。

さらに注釈という枠組みから独立して、より自由に神話を語る物語が産み出されていった。これを「中世神話」と呼ぶ（中世日本紀のなかの神話も「中世神話」と呼ぶ）。こうした中世神話は、仏教関係の説話集、寺社縁起譚、神道書といったテキストとともに、『平家物語』や『太平記』といった、一般にも知られているメジャーな古典にも多く見出されるのである。

かくして古代神話のスサノヲは、中世日本紀・中世神話へと展開していくなかで、古代からは想像もできないような「神」へとメタモルフォーゼ（変容）していくのであった。

まずは「中世神話」なるものがどのように生まれてくるのか、その創造の現場を見ていくことにしよう。もちろんそれは、スサノヲが変貌していく現場でもあった――。

平安時代の日本紀講義

「中世日本紀」（中世神話）のルーツとなるのは、平安時代に行われた宮廷主宰の『日本書紀』の注釈・講義である。これを「日本紀講」と呼ぶ（「講書」「講筵」とも言うが、以下、「日本紀講」で統一）。それこそ『日本書紀』にたいする注釈が始まる、最初の現場であった。

日本紀講は、『日本書紀』が成立した翌年の養老五年（七二一）から始まったが、それ以降、平安時代前期にわたって計六回行われている。以下のような開講が確認されている（『釈日本紀』巻第一による）。

〔弘仁講書〕　弘仁三年（八一二）〜同　四年（八一三）
〔承和講書〕　承和十年（八四三）〜同十一年（八四四）
〔元慶講書〕　元慶二年（八七八）〜同　五年（八八一）
〔延喜講書〕　延喜四年（九〇四）〜同　六年（九〇六）
〔承平講書〕　承平六年（九三六）〜天慶六年（九四三）
〔康保講書〕　康保二年（九六五）〜（中断）

平将門、藤原純友が起こした「承平・天慶の乱」という未曾有の「反乱」をはさみながら、平安時代前期、藤原家による摂関制が開始するまで行なわれている。その目的は、朝廷に仕える官人たちに国家の起源と歴史を学ばせ、朝廷人としての自覚を促すことにあったという〔関晃、一九四二〕。『日本書紀』が古代律令国家の起源と歴史を記述していることとそれはリンクしよう。そして平安時代前期、律令国家の支配理念が揺らいで「王朝国家」へと変容するなかで、日本紀講も中絶したのであった。

日本紀講の注釈・講義を担った博士たちは、太政官・外記《げき》局などの書記官や大学寮、図《ず》書寮《しょりょう》などの漢学・儒学系の学者官僚である。これも『日本書紀』が陰陽説＝儒学にもとづく神話・歴史を記していたことから納得いくところだろう。彼らがまず行なったのは、漢字で書かれている『日本書紀』の読み方を決めることにあった。その実態は、「日本紀私記」と呼ばれる博士たちの講義ノートによって見ることができる。

たとえば天地開闢の冒頭「天地未剖」は、「安女津知以末太和可礼須〔アメツチイマタワカレス〕」〔日本紀私記・乙本。〈弘仁三年（八一二）の私記か〉〕と読み下される。漢字表記の文章に「古語」「倭語」の読み方を示すことで、古代ヤマトの「神代」の世界を明らかにしていくのである。漢字の「読み」を通して行われた注釈行為のひとつである。そのとき参考にされたのが『古事記』である。講義する博士たちの机にはいつも『古事記』が置かれていただろう。『古事記』は日本紀講のサブテキストとして尊重されたのだが、それはあくまでも「サブテキスト」の扱いであった〔斎藤英喜、二〇一一・c〕。

なお平安時代以降、中世になってからも『古事記』を直接、注釈したり、講義したりすることはほとんどない。「中世日本紀」のネーミングに見られるように、中世にあって注釈の対象となったのは圧倒的に『日本書紀』であったのだ。ただし、これから見ていくように、「中世日本紀」の生成過程とは、現代のわれわれが認識している『古事記』と『日本書紀』とを区別する発想が解体されるプロセスでもあったのである。

日本紀講では、『日本書紀』にたいする「古語」「倭語」の読み方とともに、神話にたいする独自な解釈をするところもある。スサノヲ

博士の講義を聴く

神話に関する博士の講義を聴いてみよう。

　この蛇を斬りて八段となす。すなはち段ごとに雷に成る。忽ちに八雷となり、飛躍して天に昇る。これ神異の甚だしきなり。（『釈日本紀』巻第七「私記」）

いうまでもなくスサノヲのヤマタノヲロチ退治の場面だ。スサノヲがヲロチを「寸斬」したところ、斬られた体は八つの雷となって天に昇ったというのだが、はて、そんな場面が『古事記』や『日本書紀』にあっただろうか。たしかに蛇神であるヲロチが雷神に変貌するのは神話としてわかりやすいが、残念ながらそんなシーンは『記』『紀』にはない。つまり日本紀講の講義の場で、博士たちは『日本書紀』を注釈しながら、そこに書かれていない、独自な神話を作り出してしまうのだ。『記』『紀』には伝わっていないけれど、じつはヲロチを斬ったときに、こんな不思議なことも起きていたのだという口調である。

その背後には、知られざる「神代」の世界を解明しようとする博士たちの知的欲求があったといえよう〔津田博幸、一九九八〕。そしてその不可思議な現象を「神異の甚だしきなり」と、儒学者の立場から説明していくのである。

このように、日本紀講の場から始まる『日本書紀』の注釈・講義は、神話テキストを解釈しながら、新しい「神話」を作り出す実践でもあった。その延長上に出現するのが、「中世日本紀」の世界であったわけだ。なお、スサノヲのヲロチ退治神話は、中世神話の世界で驚くべき変貌を見せることを、あらかじめお知らせしておこう。

『釈日本紀』と神話注釈学の系譜

十世紀半ばに日本紀講が中絶したあと、しばらく「記紀神話」への関心は歴史の表面から消えたようだ。もちろん『源氏物語』の作者の紫式部の「日本紀の御局《みつぼね》」のエピソード（『紫式部日記』）や『更級日《さらしなにっ》記《き》』の菅原孝標女《すがわらのたかすえのむすめ》の「天照御神《あまてるおんかみ》」の夢など、断片的な「記紀神話」の読み替えは見ることができる〔斎藤英喜、一九九九〕。また平安末期院政期には、藤原通憲《みちのり》（信西）『日本紀鈔』や源俊頼《としより》『俊頼髄脳《ずいのう》』などといった辞典、歌学書といった類いに「日本紀」が引用されるが、本格的な『日本書紀』の注釈が登場してくるのは、鎌倉時代の後半になってからだ。

二度にわたる「蒙古襲来」の国家的危機のあと、卜部氏のなかから『日本書紀』の最初の体系的注釈書が出現する。『釈日本紀』である。

卜部氏はもともと、神祇官のなかでおもに卜占に従事していた祭祀職能氏族である。彼らは平安時代中期以降には有職故実や神祇書の研究に精通し、後には『日本書紀』研究の専門家＝「日本紀の家」とも呼ばれるほどになった。まさに日本で最初の神話学者の一族といえよう。そのなかの平野社（京都市北区の平野神社）の神主を勤めていた平野卜部家の兼文《かねふみ》（生没年不詳）・兼方《かねかた》（生没年不詳）親子によって作られたのが『釈日本紀』である。全二十八巻にわたる、堂々たる注釈書だ。

その内容は平安時代の日本紀講の博士たちの「日本紀私記」を多数引用しつつ、さらに卜部兼文が、一条家の祖・藤原実経《さねつね》（一二二三―八四）、息子の家経、また源雅言らと行なった『日本書紀』勉強会の問答録によって構成されている。一条家は太政大臣として天皇の即位儀礼である大嘗祭に従事する役職であるため、神代に由来する大嘗祭の知識を得るために『日本書紀』の勉強会が行われたのだという〔安江和宣、一九八〇〕。それらを最終的に編纂して、全二十八巻にまとめたのが、卜部兼文の息子・兼方であった。その成立時期は、文永十一年（一二七四）―正安三年（一三〇一）と推定されている。

じつは『釈日本紀』は、中世のスサノヲ神話を知るうえで不可欠な書物だ。「悪神」たるスサノヲを「善悪不二《ふに》」「邪正一如《じやしよういちによ》」という仏教教義で解釈することや、スサノヲを祇園社の祭神へと変貌させていくのも、『釈日本紀』を起点としている。その詳しいところは、後の章でじっくりと語ることにしよう。

仏教系神話注釈学

『釈日本紀』の『日本書紀』注釈には、中世という時代にふさわしく、仏教や儒学の知識を駆使して『日本書紀』の神話世界を解釈していくことになる。たとえば皇祖神アマテラスを密教の「大日如来」と一体化させ、大日本国とは「大日（如来）の本国」という仏教的国土観も展開されていく（伊藤聡、二〇一二）。

そうした『日本書紀』注釈学の伝統を受け継ぐのが、室町時代中期の大学者・一条兼良《かねら》（一四〇二―八一）による『日本書紀纂疏《さんそ》』であり、また室町後期、吉田社（京都市左京区神楽岡の吉田神社）の神主を勤めた吉田卜部家の兼倶《かねとも》（一四三五―一五一一）の『神書聞塵』や『日本書紀神代巻抄』などである。また兼倶の三男で清原家の養子になった清原宣《のぶ》賢《かた》（一四七五―一五五〇）にも『日本書紀神代巻抄』がある。

これらは主に神祇関係者によるものだが、中世にあっては仏教僧侶たちによる神話注釈学もある。吉田卜部家の出身でありながら天台宗の僧侶となった慈遍《じへん》（鎌倉末期から室町初期）が『先代旧事本紀《せんだいくじほんぎ》』を注釈した『旧事本紀玄義』や、真言僧・春瑜《しゅんゆ》（一四〇一―一四五九？）が書写した『日本書紀私見聞《しけんもん》』、天台宗の権大僧都《ごんのだいそうず》・良遍《りょうへん》（室町時代）の『日本書紀巻第一聞書』『神代巻私見聞』などが伝わっている。仏教系神話学者たちの系譜である。

それにしても、現代の見方からすれば、仏教僧侶が『日本書紀』などの神話テキストを注釈するのは不思議な感じがするが、この時代、彼らは仏教の経典を注釈するのと同じ学問的・信仰的態度で神話を読んでいたようだ。密教僧侶たちのあいだでは『日本書紀』を学ぶことが密教の法を授けるときの一部をなしていて、神祇灌頂という儀礼も付随していた〔櫛田良洪、一九六四〕。彼らにとって『日本書紀』は経典の一部でもあったのだ。

その意味では、まさしく中世は仏教の時代であったといえよう。日本の神々を仏教によって解釈することで生まれる「本地垂迹説」の流行と『日本書紀』の神話注釈学とは一体となっていたのである。ちなみに彼ら仏教系神話学者たちのあいだでは、スサノヲは地獄の王・閻魔法王と同体化され、その本地は地蔵菩薩であったという解釈も生まれている。そのことも後に詳しく紹介しよう。

「中世日本紀」の世界

このように中世に膨大に生み出された『日本書紀』の注釈学は、つい最近までは学問的に価値がないものと見下されてきた。たとえば教科書裁判で有名な家永三郎（一九一三―二〇〇二）は、現代の『日本書紀』研究にとっては読むに値するものは皆無であると一蹴している〔家永三郎、一九六七〕。ようするに中世の注釈学は、仏教や儒学、道教、陰陽道などによって神話を解釈したもので、「古代神話」からは遠く離れた不純な牽強付会説・空理空論にすぎないという見方である。そしてこれら中世の注釈学を乗り越えて、真の古代神話の姿を復元したのが江戸時代中期の国学者・本居宣長（一七三〇―一八〇一）であったというのが一般的な認識といえよう。宣長は近代文献学の祖ともされるのである。

しかし、中世に作り出された神話注釈学を「中世」固有な知の営みとして評価しようとする研究が一九七〇年代以降に始まった。その先鞭をつけたのが中世文学の研究者である伊藤正義氏である〔伊藤、一九七二〕。

和歌や謡曲の注釈書には「日本紀に曰く」という形で『日本書紀』が引かれる例が多い。だが、そこに引用される「日本紀」とは、われわれが知っている『日本書紀』の原典とはまったく違う神話世界であった。一見、荒唐無稽と思われる、その神話世界は、中世の『日本書紀』注釈学から作り出された独自な神話であること、それが歌学や謡曲などの注釈をする貴族知識人たちの教養となり、一方、伊勢神道や両部神道、吉田神道といった神道教学と結びつくことを指摘し、近代的価値観からは捉えきれない中世びとの学問・教養・知識の広がりを明らかにしていったのである。こうした中世の『日本書紀』注釈学によって生み出された神話世界を「中世日本紀」と呼んだのだ。中世における「注釈」とは、本文の意味を厳密に明らかにしていく近代的な認識とは違う。注釈することによって、原典とは異なる、新しい神話を作り出す創造の行為でもあったわけだ。

「中世日本紀」の研究は、八〇年代以降、中世文学研究者の阿部泰郎氏によってさらに展開し、中世における神話創造の運動として位置付けられた〔阿部、一九九九〕。さらにその研究視点は、中世王権の儀礼、中世神道の教説、寺社の縁起譚や本地物、あるいは職人の由来書や地方の神楽祭文《さいもん》へと波及し、中世日本紀を包括する形での「中世神話」という、あらたな神話世界の地層が発見されることになるのである〔山本ひろ子、一九九八・aなど〕。

一方、この時期には、「記紀神話」という文字で書かれた神話にたいして、村落共同体に口頭で伝えられてきた「原神話」へと遡及する研究も起こり、沖縄・南西諸島に伝わる神謡・神語りから『記』『紀』以前の原神話を構想する研究も進んだ〔藤井貞和、一九七八古橋信孝、一九八二〕。そこで見えてくる「原神話」は、祭りの場で歌われる「神謡《かみうた》」であった。神話は散文・語りではなく、韻律をもった歌と語りの未分化な状態で伝えられてきたという魅力的な仮説が提示されたのである。

要するに神話といえば、『古事記』『日本書紀』という常識が打ち破られたわけだ。とりわけ、神話が変貌し、読み替えられていく様相に注目していく「中世神話」「中世日本紀」の研究動向は、近代的な思考様式を脱構築する、まさしくポストモダンという時代状況にふさわしい神話研究のニューウェーヴということができよう。

こうした中世日本紀、中世神話の研究では、伊勢神宮の祭神であり、天皇家の祖神たるアマテラスの中世的相貌にスポットライトが当てられてきた〔伊藤聡、二〇一二〕。これまで皇祖神とか太陽の女神というように理解されてきたアマテラスとはまったく異なる、まさしく異貌のアマテラスが中世神話を通して顕現してきたのであった〔斎藤英喜、二〇一一・b〕。中世神話の研究は、近代的な「神道」や「神話」の常識をことごとく打ち砕く知の実践といえよう。そしてこれから本書が明らかにしていくように、中世を舞台とするスサノヲもまた、「姉」のアマテラス以上の変貌ぶりを見せてくれるのである。

ヲロチ退治譚の変奏

スサノヲ神話のクライマックスは、なんといっても出雲におけるヤマタノヲロチ退治譚であろう。ギリシャ神話との比較もなされる、この英雄の怪物退治の神話は、中世においてはどのように語られるのだろうか。

中世にあって、とくに語られたのは、退治されたヤマタノヲロチのその後の物語である。次のような奇妙奇天烈な話が『太平記』のなかに伝わっている。『太平記』（成立・作者ともに未詳。応安年間〈一三六八―一三七五〉頃に一旦まとめられたとも）といえば、ご存知足利尊氏や楠《くすの》木《き》正成《まさしげ》、後醍醐天皇が活躍する南北朝の動乱を描いた有名な軍記物である。だが、その軍記物語には、じつは中世日本紀の典型的な神話が数多く載せられていた。そのなかには中世のスサノヲ神話の変奏譚も発見されるのである。まずはそれを紹介することにしよう。

「龍宮」から浮上した草薙剣

足利幕府軍と南朝軍が熾烈な戦いを繰り広げていたなか、楠木正行《まさつら》（正成の長子）が敗死した貞和四年（一三四八）の冬のことである。伊勢国からひとつの報告があった。円成《えんじょう》という山法師が伊勢神宮に千日参詣をする志をもって、毎日海岸に出て禊《みそぎ》をしていたところ、千日目の夜に、遥か沖に光り輝くものが見えた。漁師たちに聞いても、その正体はわからなかったが、やがてその光り輝くものは、海岸にむけて流れてきて、ついに円成法師の足元に漂着した。恐る恐る取り上げてみると、密教の法具の三鈷柄《さんこえ》の剣に似ていた。そこで円成法師は、それを持って伊勢神宮に参宮した。

円成法師が伊勢神宮に到着すると、突然、十二歳ほどの童が物狂いして一二、三㍍《メートル》も飛び上がって、不思議な歌を詠じた。神宮の神主たちが集まってきて、「いかなる神のお告げであるか」と問うと、童は託宣を下した。その託宣によれば、神代より三種の神器が伝わってきたが、源平の合戦で宝剣は安徳帝とともに海底に沈んでしまった。そこで「百王鎮護の崇廟の神」＝アマテラスが海底の「龍宮」に神勅をくだして、沈んだ宝剣を召しだし、海の底から浮上させた。山法師が手にしている剣が、まさにそれである。このこと、即座に剣を内裏に献上せよ、と託宣したのである。

かくして、海底より浮上した霊剣は朝廷にもたらされ、その真偽をめぐって、まずは神代の由来に詳しい「日本紀の家」の卜部兼員《かねかず》が召されて、「日本紀」についての講釈を始めることになった。三種の神器の「宝剣」は、かつてスサノヲが退治したヤマタノヲロチの尾から発見され、それがアマテラスのもとに献上されたという「神代」に由来するからだ。このとき卜部兼員が宮廷びとのまえで語った「日本紀」が、どんな内容であったか興味津々のところだが、それは後で紹介することにしよう。

さて『太平記』が記すところによれば、結局、このとき発見された霊剣が、本当に失われた三種の神器の草薙剣《くさなぎのつるぎ》であったかどうかは、判明していない。事件は有耶無耶《うやむや》のうちに処理されたようだ。この時期に失われた宝剣が発見されたことが話題になるのは、まさしく南朝方の天皇の正統性を立証しようというモチーフがあったのだろう。その真偽がはっきり語られないというのも、まさに『太平記』が示すポジションといえよう。

霊剣の真偽はさておき、このエピソードで興味深いのは、壇ノ浦で失われた宝剣が、なぜか伊勢神宮の近くの海で発見されたこと、さらにアマテラス自身が、海底の「龍宮」に命令をだして、沈んだ宝剣を召しだしたと記されているところである。源平合戦のさなか、壇ノ浦で安徳天皇と一緒に海底に沈んだという草薙剣は、なんと海の底の「龍宮」にあったというわけだ。

「龍宮」のもとにあった草薙剣。その奇妙な話こそ、中世にひろまったヲロチ退治神話にもとづくものであった。

ヲロチ退治変奏譚

時代は、南北朝期から源平合戦の争乱のさなかに遡る――。

源義経たちの源氏軍に追い詰められた平家軍は、寿永四年（一一八五）三月の壇ノ浦の合戦において、安徳天皇ともども海中に没していった。このとき幼い帝は二位の尼（時子）に抱かれて、「三種の神器」とともに海の藻屑と消えていった。多くの日本人の涙を誘う、よく知られた話であろう。

さて、幼帝とともに沈んだ三種の神器のうち、内侍所《ないしどころ》の神鏡（八咫《やた》の鏡）と神璽《しんじ》（勾《まが》玉《たま》）は、源氏方によって拾い上げられたのだが、二位の尼の腰に挿された宝剣（草薙剣）は、安徳天皇とともに海中深く沈み、ついに失われてしまった。天皇位を示す神器のうち、宝剣は喪失してしまうという未曾有の出来事が起こったわけだ。

歴史的には、その後の天皇たちは、「昼御座御剣《ひのおましのごけん》」や「伊勢神宮進献」などの剣を代替品として、即位儀礼などを行なったようだ（大石良材、一九七五）。その一方、宝剣が二度と天皇のもとに帰ってこない、その理由について、『平家物語』は次のようなエピソードを伝えている。

其なかにある（陰陽道の）博士のかんがへ申しけるは、「むかし出雲国簸河上《ひのかわかみ》にて、素戔烏《すさのを》の尊《みこと》にきりころされたてまつし大蛇、霊剣を惜しむ心ざしふかくして、八つの頭、八つの尾を表事《へうじ》として、人王《にんわう》八十代の後、八歳の帝《てい》となッて霊剣をとりかへして、海底に沈み給ふにこそ」と申す。千尋《ちいろ》の海の底、神龍の宝となりしかば、ふたたび人間にかへらざるも理《ことわり》とこそおぼえけれ。（『平家物語』巻第十一「剣」）

なんと宝剣とともに海底に沈んだ安徳天皇とは、スサノヲに退治されたヤマタノヲロチの化身であったというのだ。スサノヲに奪われた霊剣を取り戻すために、帝に化けていたというわけである。「万世一系」の天皇家という、近代的なイデオロギーが通用しない、とんでもない話が中世には広まっていたことが知られよう。

宝剣＝草薙剣とは、スサノヲが倒したヤマタノヲロチの尾から発見されたものだ。『記』『紀』では、スサノヲは発見した「都牟羽《つむは》の太刀」をアマテラスに献上する。これが後に三種の神器のひとつの宝剣＝草薙剣となる。天皇王権のレガリアは、もともとスサノヲが倒したヲロチの所有物であったのである。

つまりここで陰陽道の博士が占いによって語った話は、「記紀神話」をベースにしつつ、それを中世において語りなおした、まさしく「中世神話」のひとつといえよう。こうした中世神話が陰陽道の博士たちのあいだに伝えられていたことは興味深い。彼らもまた中世神話の担い手のひとりであったというわけだ。

中世神話のなかでヲロチは「神龍」へとメタモルフォーゼし、その棲家は「龍宮」で、安徳天皇はヲロチの子どもという異説（『源平盛衰記』）も産み出されていった。いやはや、なんとも近代の天皇イデオロギーからは、想像もつかないような自由な発想だろう。

けれども、これはけっして荒唐無稽な話ではない。たとえば鎌倉時代前期の天台座主《ざす》・慈円《じえん》（一一五五―一二二五）が、変転する歴史のなかから「道理」を探った『愚管抄』にも、安徳天皇は「龍王」（ヲロチのこと）の化身であり「サテ、ハテニハ海へカへリヌル也」と書き記されている。慈円といえば、摂関家の出身であり、当代一流の大知識人だ。そんな学僧にとっても、安徳天皇＝ヲロチ化身説は「道理」として認識されているのだ。このように一見するとトンデモ本のような中世神話の世界は、近代のイデオロギーとはまったく違う、中世固有の「知」の世界に根ざしていることが知られよう。

それにしても、失われた宝剣は神龍の棲む「龍宮」の宝となっていた……という記述は、興味深い。スサノヲが倒した水蛇神ヤマタノヲロチは、龍宮に棲息する龍王へとメタモルフォーゼしたわけだ。

中世における「龍宮」とは

ここで中世における「龍宮」の神話的なイメージを探っておこう。「龍宮」といえば、現代のわれわれは浦島太郎が行った龍宮城のことを思い浮かべよう。絵にも描けない美しい理想世界である。しかし、中世における「龍宮」はけっして美しい理想郷ではなかった。

そもそも「龍宮」の用語は、『法華経』などに出てくる仏教語であった。第十二「提婆《だいば》達多品《だったぼん》」にこんな問答が記されている。智積菩薩《ちしやく》（プラジュニャー＝クータ）が、文殊師利《もんじゅしり》（マンジュ＝シュリー）に聞いたことに、「あなたが海のなかの龍宮に行って、導いた衆生《しゅじょう》の数はどれぐらいか」と。文殊は「その数は無量（数え切れない数）であった」と答えた……。

この問答に出てくる「龍宮」とは、欲望、煩悩にまみれて苦しみ、救うべき衆生が住む、苦患《くげん》の世界であった。そしてその龍宮の主こそが、「龍属」とか「龍畜」と呼ばれる異類たちである。『長阿含経《じょうあごんきょう》』や『往生要集』などにも「諸龍の衆は、三熱の苦を受け……」といったように、龍属は「三熱の苦」（熱砂に焼かれる苦しみ、暴風で衣服が奪われる苦しみ、カルラに喰われる苦しみ）を受けることの象徴であったわけだ。浦島太郎が訪れた龍宮城は、人間のあらゆる欲望を満たしてくれる理想郷であった。だが、仏教の教義から見れば、果てしない欲望にまみれて苦しむ世界ということになるのだ。

こうした龍宮に棲息する龍属の王の娘がサーガラ龍王の娘である。「龍女《りゅうにょ》」と呼ばれて、まさに煩悩の権化のような存在だが、『法華経』の世界では、その龍女が一瞬のうちに、このうえなく完全な「悟り」を悟ったことが説かれていく。「龍女成仏《じょうぶつ》」である。そして悟りをひらいたサーガラ龍王の娘は、長老シャーリ＝ブトラの目のまえで女性から男性へと変化し、みずから求法者となった。「変成男子《へんじようなんし》」といわれるエピソードだ。龍女成仏を説く『法華経』「提婆達多品」は、女性を救済する教えとして、平安時代の貴族女性たちに広まった。愛欲の世界を描く『源氏物語』に耽溺していた菅原孝標女《すがわらのたかすえのむすめ》が、夢のお告げで『法華経』を読むことを悟らされたというエピソードは有名だろう（『更級日記』）。

なぜ宝剣は「龍宮」に収まるのか

さて、ヲロチの尾から得た宝剣＝草薙剣は、こうした龍畜の世界である龍宮へと収められ、二度とふたたび人間の世界には戻ってこないという。その背景には、仏法が滅びるとき、経巻や教法は「龍宮」に収まるという言い習わし（『渓嵐拾葉集《けいらんしゆうようしゆう》』）と通じていると考えられる（山本ひろ子、一九九三）。天皇のレガリアたる宝剣＝草薙剣が龍宮に収まるのは、「末世」の思想とクロスし、天皇王権が衰弱していくことを暗示していたのである。ここには中世神話が生み出されていく歴史的な背景を見ることもできよう。王権と仏法とが緊密に結びついた時代である。もちろん、「龍宮」という無明《むみよう》・煩悩の本源は、つねにそれを逆転させて「悟り」の世界へと導くトポス（場所）でもあったのだが……。親鸞の「和讃」には、「竜宮浄土」という表現も見えるという（田中貴子『外法と愛法の中世』）。

ちなみに宝剣とともに海に沈んだ平家一門の人びとも、その後に「龍宮城」の一員となり、苦患にあえいでいたことが明かされていく（覚一本『平家物語』）。その様子を夢に見た建礼門院（安徳天皇の母・徳子）は、龍宮城にいる二位の尼（時子）から、「龍畜経」を読んで、自分たちの後生を弔ってほしいと告げられたことを、寂光院を訪れた後白河院に語った。「龍属」の存在に転生《てんしょう》した平家一門の人びとの後世《ごぜ》を弔う「龍畜経」とは、中世的に読み替えられた『法華経』「提婆達多品」のことだったようだ（山本、一九九三）。海に沈んだ平家の人びとは、龍畜へと転生し、龍宮で苦しんでいる。それを救うのが、『法華経』であったという物語である。

かくして天皇王権のレガリア・宝剣の喪失という、中世びとが初めて体験する危機は、スサノヲのヲロチ退治神話を、『法華経』の仏教知を媒介させて中世独自な神話へと読み替えることで、ひとつの「救済」論を導いたともいえよう。

ヲロチが、煩悩・無明の本源たる龍宮の王へと変化した中世神話は、仏教世界をベースとした神話解釈学において、さらにあらたな展開を生むことになる。じつはヲロチを退治したスサノヲもまた、龍宮に訪れていたという神話が作り出されるからだ（『兼邦《かねくに》百首歌抄』）。それはまた、スサノヲとヲロチとの一体化という驚くべき神話を産むことになるのだが、詳しくは後の章に譲ることにしょう。

中世神話におけるヲロチ退治の後日譚は、天皇王権のレガリア・草薙剣の由来に関わるところが大きかった。ここでスサノヲ神話は中世王権のシークレットにも繋がっていくことが想像されよう。

即位灌頂と中世スサノヲ神話

現代のわれわれから見て、荒唐無稽に見える中世神話の世界は、じつは中世の天皇王権が行なっていた、密教系の即位儀礼＝即位灌頂とも繋がっていたのである。古代における天皇の即位儀礼は、剣璽渡御《けんじとぎょ》・即位礼・大嘗祭で完結するのだが、中世にあっては大嘗祭よりも大きな意味をもつのが「即位灌頂《そくいかんじょう》」であった。すなわち即位礼で高御座《たかみくら》に坐した天皇が、摂関大臣から密教の印と明《みょう》（真言、陀羅尼《だらに》）を授けられるという、密教のイニシエーション儀礼を再現したのである。その印は、大日所変の金輪《こんりん》王を真似て「智拳印《ちけんいん》」を結んだという。密教の灌頂儀式そのものは、もともとはインドの王の即位式にともなうものので、それが天皇にも応用されたということになろう。ちなみに即位灌頂は平安末期から始まり、江戸・幕末まで行われたという〔松本郁代、二〇〇五〕。

こうした王権の秘儀・即位灌頂の由来が、中世神話の世界と結びついていた。たとえば阿部泰郎氏によれば、天台系の『即位法門』という本には、即位法の教えはスサノヲに授けられ、その嫡子のオホナムヂに伝えられ、やがてアマテラスに与えられたということが書かれていたという〔阿部、一九八四〕。

密教儀礼と日本神話の神々とが繫がっていく、とても興味深い言説である。とくに注目されるは、天皇の即位儀礼の起源にスサノヲが登場してくるところだ。荒ぶる神、悪神たるスサノヲがなぜ即位灌頂の由来のトップに顕現してくるのだろうか。

このことは、悪神たるスサノヲが中世神話の世界では「神国の守護神」へと変貌するテーマともリンクしていくところだ。その謎は、後の章で解き明かすことにしよう。

ヤマタノヲロチの逆襲

中世のスサノヲ神話は天皇王権の秘儀ともリンクしていくが、一方、芸能や物語の世界にも広がっていく様子も紹介しておこう。室町時代に作られた謡曲のひとつに、その名も「草薙」という曲がある。宝生流のみに現行される貴重な一曲という。こんな物語である。

比叡山の高僧・恵心《えしん》僧都（『往生要集』の著者・源信《げんしん》のこと）が尾張国の熱田神宮に参詣したおり、花売りの夫婦が現れ、熱田神宮の由来に関わる話を聞いた。じつは花売りの夫婦は、ヤマトタケルとタチバナヒメの霊魂であった。そこで語られるのが、ヲロチの復讐譚であった。

シテ　かくて東夷を平げんと発向する所に、出雲の国にて素盞烏《すさのを》の尊ら斬られし大蛇、件《くだん》の剣をたぶらかさんと、大山となつて道を塞ぐ、されども事ともせず駆け破つて通りしより、今の二村山となる。

（「草薙」）

安徳天皇に化けて、草薙剣を取り戻したヲロチの執念深い姿は、さらにヤマトタケルの東征の妨害へと展開していったわけだ。

よく知られているように、古代神話によれば、父の景行天皇に疎まれたヤマトタケルは、伊勢神宮の巫女である叔母のヤマトヒメから草薙剣を授かり、東国の叛くものたちの平定に旅たった。ヤマトタケルといえば、父に追放される荒ぶる英雄として、スサノヲとの共通点も多い存在だ。そのヤマトタケルの東征の途上、ヤマタノヲロチが剣を取り戻そうとして、大山になって行く手を妨害したというのだ。なおこの話が、恵心僧都が熱田神宮で聞いたというのは重要だ。草薙剣は、じつは熱田神宮のご神体でもあったからだ。

室町時代の謡曲「草薙」の元ネタになっている話が、じつは『平家物語』に出ている。そこでは「出雲国にて素盞烏尊に害せたりし、八岐大蛇天降り、無体に命を失はれ、剣を奪はれし憤散せず」と、復讐のためにヲロチが天降るという突拍子もない展開になっているのである。

アマテラスが落とした剣

こうしたヲロチの後日譚の展開は、それが天皇家の宝剣と結びついているからだった。そこで中世神話のなかには、ヲロチの尾から出てきた草薙剣はもともとアマテラスのもとにあったという異説も生まれてくる。

スサノヲがヲロチの尾から発見した天叢雲剣《あめのむらくものつるぎ》を高天原のアマテラスに献上すると、

「是ハ初当我《そのかみわれ》高天原ヨリ落シタリシ剣也」と悦《よろこび》玉フ（『太平記』）。

天叢雲剣（草薙剣）はアマテラス自身が天から落としたものだった……。もちろん、こんな都合のいい話は「記紀神話」には出てこない。天皇王権のレガリアである宝剣を、退治されたヲロチに由来させるのではなく、もともとは皇祖神アマテラスが高天原で所有していたものだったという、隠されていた「真実」を伝える手法である。『記』『紀』には失われた「真」の起源神話を語るというのが、中世神話のテクニックであったわけだ。

この話は『平家物語』にも出てくるが、さらに別系統のテキスト（延慶本）では――、

此剣ハ我高天原ニ有シ時、今ノ近江国伊吹山ノ上ニテ落タリシ剣也。……彼大蛇ト申ハ今ノ伊吹大明神是也（延慶本『平家物語』）。

剣を落とした場所は近江国の伊吹山であったという。そしてヤマタノヲロチは、伊吹大明神のことであるといった、舞台が出雲から近江へと転回させていく。いうまでもなく伊吹山はヤマトタケルが伊吹山の神の毒気に当たり、命を落とした場所。ここにはヤマタノヲロチを祭神とする「伊夫伎神社」も鎮座している。まさにヲロチの復讐が完遂したという神話になろう。

さらにヲロチ＝伊吹大明神の伝承は、室町時代に作られた有名な大江山の鬼・酒呑童子の誕生秘話へと変奏していく。スサノヲに追われたヲロチは伊吹山に逃れ、そこで伊吹大

明神として崇められた。やがて伊吹大明神＝ヲロチは、玉姫という女性と通じて子どもを孕《はら》ませる。その子こそ、後の酒呑童子であったというわけだ（『酒典童子』）。

かくしてスサノヲのヲロチ退治神話は、中世王権のレガリア＝草薙剣をめぐる神話へと展開し、一方それは、自由奔放なまでの物語的想像力のなかで、変幻自在にメタモルフォーゼしていったのである。その中心となっているのが、スサノヲであったわけだ。

しかし、中世神話のスサノヲの変貌を辿る旅は、まだ始まったばかりである。

「日本紀の家」が語るスサノヲから

『太平記』の一場面から

「龍宮」から浮かび上がった宝剣の由来をめぐって、前大納言の日野資明《すけあきら》は、発見された剣の真偽を確かめるために、平野社の神主である卜部兼員（生没年不詳）を召して、卜部家に伝わる「日本紀」（『日本書紀』）について問いただした。

このとき「日本紀の家」＝『日本書紀』注釈学の専門家、卜部兼員は、どんな「日本紀」を語ったのだろうか。とくにスサノヲ神話に焦点を絞りつつ、彼の語った「日本紀」の講釈を聞くことにしよう。

……天照太神《あまてらすおほむかみ》此《この》国ノ主ト成給フ。爰《ここ》に素戔烏尊《そさのをのみこと》、吾国ヲ取ラントテ軍《いくさ》ヲ起テ、小蠅《さばへ》ナス一千ノ悪神ヲ率《そつ》シテ、大和国宇多野ニ、一千ノ剣ヲ掘リ立テ、城郭トシテ楯《たて》籠《こも》リ給フ。天照太神是ヲヨシナキ事ニ思召テ、八百万神達《やほよろづのかみ》ヲ引具シテ、葛城《かづらぎ》ノ天ノ岩戸ニ閉ヂ籠ラセ給ヒケレバ、六合内《くにのうち》皆常闇《とこやみ》ニ成テ、日月ノ光モ見ヘザリケリ。

（『太平記』巻第二十五）

追放されたスサノヲが高天原の姉アマテラスのもとに赴き、アマテラスから誤解されたためにスサノヲが荒ぶる行いを繰り返した……という有名な「記紀神話」の場面である。荒ぶるスサノヲの活躍がもっとも華々しく語られるところだ。

しかし兼員が語る「日本紀」の世界では、スサノヲがアマテラスの国を奪うために一千の悪神を率いて、大和国宇多野に一千の剣を立て、城郭を作って立て籠もったという調子で語られていく。その語り口は、まるで中世の軍記物のようだ。また「記紀神話」では、高天原という天上での出来事が、ここでは「大和国宇多野」や「葛城」という地上世界が舞台となっていく。

さらに続きを読んでみると、「天ノ岩戸」から出たアマテラスは、八百万の神たちを遣わして、スサノヲが立て籠もる城を攻め、立てられた千本の剣を蹴破った。それで勢いの強い神のことを「千剣破《ちはやぶる》」と言う。そしてスサノヲに率いられた一千の悪神は小蛇《さばえ》となって消え失せた。ひとりとなったスサノヲは、彼方、此方へと彷徨《さまよ》いながら、やがて出雲国へと流離していった……。なんとも破天荒な想像力溢れる物語といえよう。現代から見れば、古代神話の一種のパロディといってもいいだろう。

「日本紀の家」卜部兼員のこと

あらためてこの物語を語った卜部兼員とは、『釈日本紀』を編纂した卜部兼方の孫にあたる、卜部家の『日本書紀』注釈学＝神話学の伝統を継ぐ人物である。暦応三年（一三四〇）四月、花園上皇に神代巻の「御進講」、貞和四年（一三四八）にも持明院統の「高貴の方」に『日本書紀』の講義をしている〔久保田収、一九五九〕。そんな彼が、『日本書紀』のパロディみたいな物語を「日本紀」として語ったという『太平記』の記述は、卜部兼員の名前に仮託したフィクションという説もある。『太平記』は、歴史的事実を伝える史書ではないという見方にも繫がるところだ。

『太平記』に伝わるエピソードが「史実」かどうかはさておき、兼員が語ったパロディのような「日本紀」の神話は、たとえば『古今和歌集』の注釈書である『古今和歌集序聞書三流抄』（十三世紀後半）や僧侶が編纂した説話集『三国伝記』（十五世紀前半）など、中世に作られた様々な書物のなかにも出てきていた〔伊藤正義、一九七二〕。スサノヲがアマテラスの国を奪おうとした云々という物語は、中世における「日本紀」として、多くの人びとに認識されていたことは間違いないようだ。とくに威勢の強い「神」にかかる枕詞の「ちはやぶる」の語源説になるように、歌学者の世界で共有された神話となったのである。

このように「中世日本紀」とは、「記紀神話」をベースにしつつ、それを奔放無尽に語りなおしていく、中世的な神話物語の世界といえよう。だが、「ちはやぶる」という和歌の枕詞の由来と信じられたように、それは中世びとたちにとってはたんなる創作・フィクションではない。そうした由来の権威性を支えるのは、「日本紀の家」の卜部によって語られたからである。

「素盞烏尊は、出雲の大社にて御坐す」

高天原で乱暴を繰り返したスサノヲはやがて八百万の神々によって、祓いをうけて追放され、出雲へと降っていく。『記』『紀』に記された、お馴染みのエピソードである。では、この場面、卜部兼員が語った「日本紀」ではどう描かれているのか。

素盞烏尊は、出雲の大社にて御坐《おはしま》す。此尊、草木を枯し、禽獣の命を失ひ、諸《もろもろ》荒く坐《おは》せし間、出雲の国へ流し奉る。（『太平記』巻第二十五）

草木を枯らし、動物を殺害する悪なる神のスサノヲは出雲へと流された……。まるで出雲は流刑地のようなイメージだ。しかし、ここでもっと驚くべきことがある。「素盞烏尊は、出雲の大社にて御坐す」＝スサノヲは出雲大社に鎮座する、という一節である。

スサノヲは出雲大社の祭神？　いや、ご存知のように「記紀神話」にもとづけば、出雲大社に祭られるのはオホクニヌシ（オホナムヂ）である。オホクニヌシが国の支配権をアマテラスの御子に譲る代償として建てられたのが出雲大社である。つまり出雲大社は、国の支配権を奪われたオホクニヌシを祭り鎮めるために作られた神殿であったのだ。敗れた神が祟らないように鎮めるという発想だ〔斎藤英喜、二〇一〇・a〕。だから出雲大社は、天皇の宮殿に匹敵するほど、天空に聳えるほどの巨大な神殿とされたのである。

出雲大社に祭られる神がオホクニヌシであることは、現在のわれわれにとっては、常識であろう。しかし「日本紀の家」＝『日本書紀』注釈の専門家である卜部兼員によれば、出雲大社とは、出雲へと流されたスサノヲを祭る神社というわけだ。これもまた、卜部氏独自な創作なのだろうか。

いや、そうではなかった。中世の「出雲神話」に関する先駆的な研究者である井上寛司氏によれば、中世では、出雲大社の祭神はオホナムヂ（オホクニヌシ）よりも、スサノヲとする説のほうが圧倒的多いという〔井上、二〇〇〇〕。どうやら、中世神話の世界では、スサノヲは出雲大社の祭神と語られていたようなのである。

なぜ中世神話の世界では、スサノヲは出雲大社に祭られる神となるのか。まずは、中世に広く伝えられたスサノヲ＝祭神説の神話を紹介しよう。現代のわれわれにとっては、まったく吹き出してしまうような話が続出する。

たとえば、鎌倉時代後半に、『古今和歌集』仮名序の注釈書として作られた『古今和歌集序聞書三流抄』には、こんな一節がある。

次ノ素戔烏尊ハ出雲ノ大明神也。金神《こんじん》也。金ハ物ヲ切破ルヲ以テ徳トス。此尊金ノ性ニテ心武《たけ》クシテ悪神ヲ語ヒ玉ヒテ天照太神ト軍《いくさ》シ給フニ依テ、金神ト云也。　（『古今和歌集序聞書三流抄』）

冒頭にいきなり、スサノヲは「出雲の大明神」とある。さらにスサノヲは「金神」ともされる。木・火・土・金・水の五行説にしたがって、スサノヲは荒々しい性格なので、物を斬り破るような金神とされるのである。さらに五行説をベースにした陰陽道になれば、金神は「金神七殺方位の神」という、七人の人びとを死に追いやる恐ろしい方位神ともなるのである。

この神話の伝える『古今和歌集序聞書三流抄』とは、鎌倉時代後期に、『古今和歌集』の仮名序の注釈書として作られたもの。歌学者たちのあいだに広まった「中世日本紀」の世界を教えてくれる貴重なテキストである。

スサノヲはアマテラスの養子？

さらに、この本のなかには、こんな傑作なスサノヲ神話が載っている。なんと、スサノヲはアマテラスの養子となったというのだ。

日神、尊ヲスカサンガ為ニ、ヲネミノ尊ヲ使トシテ（中略）素戔雄ノ許ヘ云遣ハシ玉フヤウ、「汝、吾子ト成タラバ、一年ニ十月ヲユヅリ、又、出雲・石見両国ヲトラセン」ト宣フ。是ニフケリテ天照太神ノ養子ト成テ譲リ玉フ故ニ、子ノ神ト云。サレバ十月ハ出雲へ行テ神々仕へ奉ル也。（『古今和歌集序聞書三流抄』）

アマテラスは天下を狙う悪神スサノヲを宥めすかすために、自らの養子とした。それによって、一年のうちの「十月」だけを与え、出雲・石見の国の支配を任せたというのである。暦にもとづく神話になっていることも興味深い。そしてこの神話は、全国の神々が十月は出雲の地に集結するので十月を「神無月」と呼び、出雲だけは「神在月」とされる習俗の由来となっているのである。

ここでスサノヲはアマテラスの「養子」となるのだが、『古今和歌集序聞書三流抄』に載る問答を見ると、当時、スサノヲをアマテラスの「兄」とする説や、「親子」とする説が一般的にあったらしいことがわかる。さらにアマテラスの「妹」（『古今集素伝懐中抄』）、アマテラスの「父」（『神道大事聞書三流抄』）、アマテラスと「夫婦」（『太平記』『古今集灌頂』）といった神話もあったようだ（井上、二〇〇〇）。もはや「記紀神話」の「常識」がまったく通用しない「奇説」が渦巻いている中世神話の世界が垣間見えよう。

また仏教系の神話注釈を見てみると、さらに傑作なものがある。

日神《にちじん》トイフハ天照大神《てんせうだいじん》、月神《ぐわちじん》トイフハ素盞烏尊《そさのを》ナリ。兄弟タガヒニ、日本国ヲトラントアラソヒタマヒケルニ、伊弉諾・伊弉冉コレヲシヅメンガタメニ、天ヨリクダリタマフトキ、天照大神ハオヤニアヒヒタテマツラジトテ、アマノイワトヲヒキタテ、、コモラセタマヒケレバ、ニハカニコノクニクラキヤミトナレリ。（中略）天照大神オバ日本国ノ主トナシタテマツリタマヒケリ。イマノ伊勢大神宮コレナリ。素盞烏尊オバ日本国ノカミノオヤトナシタテマツリタマフ。今ノ出雲ノオオヤシロコレナリ。コレ神明ノワガクニニアトヲタレタマヒシハジメナリ。

（『諸神本懐集』）

国の支配をめぐってアマテラスとスサノヲが兄弟喧嘩をしていたので、イザナキ・イザナミの両親が天から降りてきて、ふたりを仲裁したというのである。なぜかアマテラスは両親と顔を合わせたくないので岩屋に籠ったというのも可笑しい。

かくして両親の仲裁によってアマテラスは「日本国の主」、スサノヲは「日本国の神の親」となった。そしてアマテラスは伊勢皇太神宮、スサノヲは「出雲ノ大社」＝出雲大社に鎮座したというのである。

真宗系・日蓮系のスサノヲ神話

この中世神話を伝える『諸神本懐集』という本は、元亨四年（一三二四）に、本願寺第三代の法主・覚如の長子、存覚《ぞんかく》（一二九〇―一三七三）が編述したものである。彼は親鸞の五代目の子孫にあたる。いうまでもなく親鸞の教えは「神祇不拝《じんぎふはい》」だから、神祇と仏教との結びつきを説くことは禁止される。だが、存覚は大胆にもそれを行なったので、教義上のことで父と対立して、最終的には本願寺には戻らなかったという〔大隅和雄、一九七七〕。

それにしても神祇信仰と一番対立していた親鸞に発する真宗系統のなかにも、このような中世神話の世界が作り出されていったことは興味深いところだろう。いかに中世という時代が「神話」を抜きにはありえなかったかがわかるというものだ。

『諸神本懐集』に出てくるイザナキ・イザナミの仲裁やスサノヲが出雲大社の祭神、さらにスサノヲを「日本の神の祖」とする神話は、日蓮に仮託された「神祇門」というテキストにも出てくる〔小峯和明、二〇〇二〕。

（アマテラスとスサノヲは）兄弟して互いに此の国を諍ひ給ふに、伊弉諾伊弉冉天より下来して争論を留め給ふ。然れども其の教に依らず、天の岩戸を引き立て籠り給ひければ、頓《とみ》に此の国闇の夜と成りにけり。……かくて太郎の神（アマテラス）を出し奉りて兄弟の中を和げ、天照太神をば日本国の神の惣政所と名付給ふ。今の伊勢太神宮是なり。素盞雄尊は日本の神祖と成り給ふなり。今の出雲の大宮是なり。

（「神祇門」）

どうやら、アマテラスが伊勢太神宮に鎮座するとともに、スサノヲが「出雲の大宮」（出雲大社）の神として祭られることは、中世にあっては広く認知されていた神話であったようだ。ところで、これらの中世神話を読んでいくと、あらためて気になることがある。スサノヲが出雲大社に祭られたことの意味である。『太平記』に載る卜部氏の「日本紀」では、スサノヲは天下を狙う悪神であり、それゆえ出雲へと流され、出雲大社に祭られているという展開であった。悪神としてのスサノヲの鎮座譚である。

一方、今紹介した仏教系の中世神話のなかでは、同じようにスサノヲを出雲大社の祭神と語りながら、その意味が違う。すなわち彼は「日本国のカミノオヤ」（『諸神本懐集』）、「日本の神祖」（「神祇門」）と呼ばれる。同様な表現は和歌の注釈書である『詞林采葉抄』という本にも「日本国ノ神々の御祖」と出てくる。ここでのスサノヲは、日本の神々の始祖として出雲大社に鎮座しているのである。

古代における複数のスサノヲは、中世神話の世界では、さらにバージョンアップして、複雑で、多様性にとんだ神として語られていたことがわかってくるだろう。

中世神話の世界においては、スサノヲは出雲大社の祭神として語られていた。では出雲の現地でもスサノヲは出雲大社に祭られる神であったのだろうか。『記』『紀』によれば、出雲大社の祭神はオホナムヂ（オホクニヌシ）であることは明らかだ。また出雲大社の最高神官たる出雲国造は、オホナムヂの祭り手として、天から来臨したアメノホヒの末裔とされている。古代以来の「伝統」をもつ出雲大社に、はたして中世のスサノヲ神話は、どのように伝えられているのだろうか。

さて、出雲国へと流されたスサノヲを追って、われわれも出雲の地に赴くことにしよう。もちろんわれわれが行くのは古代出雲ではない。中世の出雲である。

スサノヲは雲陽の大社の神なり

スサノヲ、出雲大社に鎮座す

銅鳥居の柱に刻まれたもの

出雲大社の境内に向かう荒垣の正門に、碧銅で出来た鳥居が立っている。長い参道を歩いてきてお参りする人びとが必ずくぐる鳥居だ。社伝によれば、寛文六年（一六六六）六月、毛利輝元の孫綱広が寄進したという由緒あるもの。だがほとんどの人は気づかないが、その銅鳥居の柱には、こういう一文が刻まれていた。

それ扶桑（日本）開闢《かいびゃく》してよりこのかた、陰陽両神を尊信して伊弉諾伊弉冉尊といふ。此の神三神を生む。一を日神といい、二を月神といい、三を素戔烏というなり。日神とは地神五代の祖天照大神これなり。月神とは月読尊《つきよみのみこと》これなり。素戔烏尊は雲陽の大社（出雲大社）の神なり。

図３　出雲大社の銅鳥居

（銅鳥居の柱に
刻まれた銘文）

日本の起源を語る神話である。注目すべきは、スサノヲを「雲陽の大社」＝出雲大社に祭る神、という一節である。スサノヲが出雲大社に祭られていたことが、現在残る銅鳥居の柱に堂々と書き記されているわけだ。どうやらこの鳥居に刻まれた文言は、中世の出雲の現地においても、スサノヲを出雲大社の祭神としてきたことを伝えてくれる、貴重なモニュメントではないだろうか。

もっとも、現在においても出雲大社の境内にスサノヲは祭られている。本殿背後真北、八雲山の麓にある「素鵞社《そがのやしろ》」は、スサノヲを祭神としている。銅鳥居の銘文は、それを混同したのではないかという説もあるが〔千家尊統、一九六八〕、「素鵞社」はあくまでも末社。巨大な本殿にくらべて、比較にならないほどの小さなお宮にすぎない。したがって、この一節は、あくまでもスサノヲが出雲大社の主祭神であった中世の姿を伝えようとしていると考えるべきだろう。とくにアマテラスを「地神五代の祖」と呼ぶ言い方は古代神話とは違う、中世神話特有なフレーズであったことも見逃せない。

スサノヲ祭神説

中世の出雲大社においても、スサノヲを主祭神として祭っていた。寛文年間（一六六一―七三）に作られた銅鳥居に刻まれた一文は、そのことを現在のわれわれに伝えてくれる重要なメッセージであったといえよう。

では、オホクニヌシ（オホナムヂ）を祭神とした古代神話にたいして、いつからスサノヲが出雲大社の祭神となったのだろうか。明確な時代な不明だが、十一世紀中頃という説もある〔井上寛司、二〇〇〇〕。その説に従えば、平安時代後期には、出雲大社の祭神はスサノヲとする由来譚が、出雲のなかでも伝えられていたということになろう。（なお、古代では「杵築《きづき》大社」であったが、「出雲大社」の称号が与えられたのも十一世紀中ごろという）

また『記』『紀』『風土記』神話のスサノヲ」で紹介した、出雲国造の就任儀礼で読み上げた「出雲国造神賀詞《いずものくにのみやつこのかんよごと》」に記された内容、つまり国造は「国作り坐しし大穴持命」と「熊野の大神、櫛御気野命《くしみけののみこと》」の二神を筆頭に出雲国内の神々を祭ることで朝廷に服属する……という記述をオホナムヂとスサノヲと解釈することが平安時代に始まっているならば、かなり早い段階から出雲大社の祭神のなかにスサノヲが組み込まれていたと推定することもできよう。

しかし問題はスサノヲがオホナムヂを圧倒し、それを駆逐して、自らが出雲大社の主祭神となっていくところだ。そこにこそ、中世出雲を舞台とした、あらたなスサノヲ神話の誕生が読みとれるからである。

中世の出雲大社に鎮座するスサノヲを求めて――。中世における出雲の現地で、スサノヲ祭神神話はどのように作られ、伝えられていったのか。

朱塗りの出雲大社と巨大柱

現在、出雲大社の本殿は伊勢神宮のような白木作りで造られている。一般に「大社造」と呼ばれる古代建築の様式である。いかにも神代以来という雰囲気が漂う姿である。

けれども、そうした現在の出雲大社の姿は、古代以来、一貫してあったわけではなかったようだ。じつは、現在のような姿は、江戸時代前期からのものだった。それ以前の出雲大社の本殿は、なんと朱色で塗られた、けばけばしい姿をしていたのである。それこそ、スサノヲを祭神とした、中世の出雲大社の姿であったのだ。

ちなみに朱塗りの本殿の様子は、江戸時代前期、松江藩に仕えた儒者・黒沢弘忠（石斎）が書いた紀行文『懐橘談《かいきつだん》』（一六五三―六一）のなかに、批判的に描かれている。石斎はもともと伊勢神宮の社家出身で、江戸において儒学系の神道家である林羅山に師事していた人物である。

さらに江戸前期まで、出雲大社の境内には、戦国時代の大名・尼子経久《あまこつねひさ》が建立した輪蔵・三重塔・大日堂・鐘楼などの仏教施設が建ち並んでいた。あるいは出雲大社の年中行事には、中世以来出雲の最大寺院である「鰐淵寺《がくえんじ》」が密接に関わっていた。とくに三月会では鰐淵寺の衆徒が経所で大般若経の転読を行い、さらに慶長度の造営遷宮では、本殿内でも読経していたという〔西岡和彦、二〇〇二〕。

この鰐淵寺は、出雲大社の神宮寺（別当寺）でもあったようで、「本願」と呼ばれた社僧が出雲大社の奉行として、造営遷宮の管理運営にもあたっていた（井上寛司、一九九一）。出雲大社の国造よりも、鰐淵寺の側が大社管理を支配していた時代があったわけだ（ただし国造との縁戚関係を結んでいた）。まさしく中世の神仏習合の形態といっていいだろう。そしてこれから見ていくように、出雲大社の祭神をスサノヲとする中世神話の生成にとって、鰐淵寺は重要な拠点となっていくのである。

なお平成十二年（二〇〇〇）、出雲大社の正殿八足門《やつあし》のまえから、巨大な柱の遺構が発

図４　巨大な柱の遺構（出雲大社所蔵，島根県立古代出雲歴史博物館提供）

図5　平安時代の出雲大社模型
(出雲大社所蔵，島根県立古代出雲歴史博物館提供)

見されたことは、多くの人びとの記憶に残っていよう。直径一・三五メートルの三本の杉を金輪で巻いた柱は、十三世紀半ば、宝治二年（一二四八）に正殿を建て替えたときのものと推定されている（西岡和彦、二〇〇四）。柱の寸法からは、正殿の高さは一六丈（四八メートル）であったという。まさしく『古事記』に記されたような、天空高く聳え立つ、空中神殿＝出雲大社の姿がわれわれの前にあらわれたのである。

しかし、その巨大な柱が支えていた出雲大社の神殿のあるじは、十三世紀という時代から考えれば、あきらかにスサノヲであっただろう。中世神話のスサノヲを祭る神殿の遺構が、われわれのまえに現れた巨大な柱であったのだ。

いつから「大国主神」になったのか

中世神話にもとづくスサノヲ祭神説は、出雲大社の神殿が朱色で塗られ、仏教施設がひしめいていた江戸時代の初期ごろまで信じられていたようだ。では、いつから、現在のようにオホクニヌシ祭神説に変わった（戻った？）のだろうか。

寛文七年（一六六七）三月に、鎌倉時代の宝治二年（一二四八）の全面的な遷宮造営以来、じつに四百二十年ぶりという、正殿の遷宮儀式（正殿の建て替え）が行われた。そのときに、出雲大社の国造家のリードによって、祭神がスサノヲから「大己貴神《おほなむち》」に改められ、さらに鰐淵寺僧侶の年中行事の関与、また「本願」の社僧の廃止が決められた。その寛文度の遷宮式まで、出雲大社の祭神はスサノヲと信じられてきたというわけだ（銅鳥居が立てられたのは、寛文六年、まさにその前年であった）。

ちなみに寛文度の遷宮には、将軍徳川家綱の助力が大きな効をなした。将軍家では、四代将軍家綱は「出雲大社の申し子」という言い伝えがあったという。寛永十七年（一六四〇）、春日局が三代将軍家光の嫡男誕生の祈禱を出雲大社に依頼し、その翌年に誕生したのが家綱であったからだ（西岡和彦、二〇〇四）。

さて、このように出雲大社の祭神はスサノヲからオホナムヂへと変更されたが、そこからさらに「大国主神」の名前が定着するのは、江戸時代後期まで待たねばならない。国学者・本居宣長の弟子となった出雲国造家の次男・千家《せんげ》俊信《としざね》（一七六四―一八三一）によって、現在のような祭神オホクニヌシ説が確定していったのである（西岡和彦、二〇〇二）。

「大国主神」の名称は『古事記』に出てくるもので、『日本書紀』正文では「大己貴神」であったからだ（ただし一書に「大国主神」も出る）。出雲大社の祭神をオホクニヌシとするのは、宣長の『古事記伝』によって、『古事記』がスタンダードな「古代神話」と認識されることと繫がっていたのである。

かくして、出雲大社の祭神をスサノヲとする中世神話は、近世という時代のなかで消去、封印されていったわけだ。その意味では、銅鳥居の柱に刻まれた「素戔烏尊は雲陽の大社の神」の一文は、中世のスサノヲ神話の記憶をとどめた貴重なモニュメントであった。
では、その銅鳥居をくぐって、中世の出雲大社へとワープすることにしよう。

漂流する山を繫ぎとめた神

出雲大社の祭神をスサノヲとする神話が、中世の出雲大社のなかにも伝えられていたことは間違いなさそうだ。しかし、あらためて問うべきことがある。『古今和歌集序聞書三流抄』や『太平記』などに伝えられた中世神話の世界で出雲大社に鎮座するスサノヲは、草木を枯らし、動物を殺害する、まさしく悪神たるスサノヲであった。したがって、彼にとって「出雲」とは、一種の流刑地のような場所だったともいえる。卜部氏の「日本紀」が伝える中世神話のスサノヲは、悪神として出雲の地に流されたのだ（七三頁、参照）。

では、出雲の土地の側でも、同じようにスサノヲは出雲に流された悪神だったのだろうか。卜部兼員が伝えた「日本紀」とは違う、出雲の現地固有の中世スサノヲ神話はあるのだろうか。次にそれを探索してみよう。

中世の出雲国造の上申書から

足利尊氏が幕府を開き、一方、後醍醐天皇が秘かに吉野に移った、まさしく南北朝の動乱の幕が開く、建武三年（一三三六）のこと。出雲国造の出雲孝時《のりとき》から一通の文書が朝廷に上申された。そのなかに、中世の国造家に伝わるスサノヲ神話を見ることができる。

謹みて旧記を検ずるに、当社（杵築大社）大明神は、伊弉諾伊弉冉の御子、天照大御神の御弟、天下社稷《しやしよく》の神、素戔烏尊これなり。十束《とつか》の利剣を振るいて、八咫《やまた》の毒蛇を割き、八目の鏑箭《かぶらや》をもって、呉《ご》国の兇徒を射《うち》、国域の太平を致す。而《しか》してなほ戎《じゆう》敵《てき》を防がんがため、神殿を高大に建て、或は四海を守り、不慮を警す。故に、これを矢蔵《やぐら》明神と号す。或は浮山を留めて垂《た》れ潜む。故に、これを杵築大社と称す。

（建武三年〈一三三六〉国造出雲孝時解状土代写）

あらためていうまでもなく、「記紀神話」によれば、出雲国造の始祖は、アマテラスとスサノヲの「うけひ」で生まれたアメノホヒである。国譲りの交渉役として出雲に派遣されながら、オホクニヌシに媚びつきて寝返った神とされている。それ以来、オホクニヌシの祭り手として定められた。『日本書紀』には、「汝（オホナムヂ）が祭祀《まつり》を主《つかさど》らむ者は、天穂日命《あめのほひ》是《これ》なり」（第九段・一書〈第二〉）と明記されている。

このように、神代以来の系譜をもつ出雲国造は、出雲大社に鎮座するオホナムヂ（オホクニヌシ）を祭る神官であった。しかし、中世の出雲国造は、出雲大社の祭神がスサノヲであると明確に語っているのである（なお、南北朝の動乱期に、出雲国造家も、「千家」と「北島」へと分裂するという、あらたな事態も生じている）〔井上寛司、一九九一〕。

さらに重要なところは、彼らが伝える中世のスサノヲが悪神として出雲に流されてきた神ではないことだ。「十束の利剣」を振るって毒蛇＝ヲロチを退治し、また「呉国」（中国のこと）の兇徒を倒し、国に平安をもたらした軍神であった。天空に聳える「神殿」の建築も、異国の敵から国を守るための防備という説明がされていく。ヲロチを倒した勇猛な神からさらに異国調伏《ちょうぶく》の軍神へ。これこそ中世の出雲国造家に伝わる、出雲大社の祭神としてのスサノヲの姿であったのだ。

「天下社稷の神」スサノヲ

もうひとつ注目したいのは、「天下社稷《しゃしょく》の神」というフレーズ。「社稷」とは、もともとは土地の神のこと。そこから転じて「国家」のことを指す。つまり出雲国造家においてスサノヲは土地の地主神、国家の主宰神・守護神として崇められていたのである。流されてきた悪神というイメージとはまったく違う、国家守護の神として祭られていたのだ。

たとえば、ほぼ同時期に伝えられた中世神話の断片には、こんな一節もある。

素盞烏尊は、伊弉諾伊弉冉尊の御譲を得て。我朝の御あるじにてまし〳〵しが。国土を皇御孫《すめみま》にゆづり奉り。御身は出雲の国に御垂迹《すいじやく》あり。いまの大社是なり。

（坂十仏『太神宮参詣記』）

スサノヲは、イザナキ・イザナミ両親から国の支配者として地位を譲られ国家の主となったが、それを皇御孫＝アマテラスの子孫に譲った……。まさしくオホクニヌシの役割をそのままスサノヲが奪い取ったような神話であろう。譲ったあとのスサノヲは、出雲大社に祭られていたというわけだ。オホクニヌシの役割を奪取したともいえよう。

また時代は下って室町時代に作られた謡曲にもこんな一節がある。

素戔烏尊の、守り給へる神国なれば、花の都の春ものどかに、……

（「草紙洗小町《あらいこまち》」）

中世の人びとにとって、スサノヲは荒ぶる悪神ではなく、「神国」を守護してくれる、ありがたい神であったという神話が、かなり広く伝わっているのを知ることができよう。その背景には、「中世神話が語るもの」で紹介したような「日本神祖」（『神祇門』）、「日本国ノ神々ノ御祖」（『詞林采葉抄』）といった、スサノヲを「日本」の神祇の始祖とする中世神話とクロスする地平も見えてこよう。出雲の土地を離れても、国家守護神としてのスサノヲ神話が伝わっていることはたしかである。だが、その発信源は出雲の土地の側にあったろう。

ではどのようにして、出雲の地でスサノヲは「天下社稷」の神へと変貌していったのだろうか。その背景には何があるのだろうか。

そこでもう一度、出雲国造の上申書に目を凝らしてみると――、最後に記された「或は浮山を留めて垂れ潜む。故に、これを杵築大社と称す」という一節が浮上してくる。「杵築大社」（出雲大社の別名）の由来は、スサノヲが流れてくる浮山を繫留《けいりゅう》したことによる、という「杵築大社」の社名由来神話だ。この断片的な記述のなかに、中世のスサノヲ神話の謎を解く鍵が隠されているのでは？

国引きするスサノヲ

一般に知られている「杵築」（出雲郡の地名）の名前の由来は、古代の出雲国造が編纂した『出雲国風土記』のなかに伝えられている。

天の下造らしし大神の宮を奉《つか》へまつらむとして、諸《もろもろ》の皇神等《すめがみたち》、宮処《みやどころ》に参り集《つど》ひて杵築《きづ》きたまひき。（『出雲国風土記』出雲郡）

天の下造らしし大神＝オホナムヂの宮殿を造営する土地を固めるために、諸神たちが集い、協力して大きな杵で土を搗《つ》いた。そこで「杵築」と言う。これが出雲大社の祭神をオホナムヂとする古代出雲神話における「杵築」（杵築大社）の由来である。

一方、先に見た中世神話では、漂流する浮き山をスサノヲが繫ぎ止めたことが「杵築大社」の由来と伝える。海の彼方から流れ漂ってくる山を繫留した神、スサノヲ。そんな雄大な神話的イメージは、さらに次のように膨らんでいく。

　その後、素戔烏尊、杵を縄して、浪に浮きたる山十八里を繋ぎたり〔島根郡の十八里の山は是なり。この杵、深秘《じんぴ》あり〕。以て宮居《みやい》を杵築浜に定む。〔素我里なり〕。素戔烏尊の大社、杵築大明神これなり。（『雲洲樋河上天淵記《うんしゅうひのかわかみあめがふちのき》』）

室町時代中期、出雲地方の「好事家」によって編述されたテキストの一節である。原文の「縄レ杵」の意味がとりにくいが、浪の上を漂っていた山を十八里（約七二キロ）にわたって繋ぎ止めたという壮大な映像が浮かんでこよう。島根郡（島根半島に位置する）の十八里と続く山々は、海上を流れ漂ってきた山々をスサノヲが繋ぎ止めたことで出来上がった、という起源神話である。ここにおいてスサノヲは、出雲の土地そのものを作った創成神の地位をも得ることになるのだ。

出雲国の土地や山は、スサノヲによって繋ぎ止められた……。その神話的なイメージは、即座にあの有名な古代の出雲神話を思い浮かべよう。そう、ヤツカミヅオミツノ（八束水臣津野）による「国引き神話」である。

国引き神話の中世版

「国引き坐しし八束水臣津野」の神は宣言した。八雲立つ出雲の国は幅の狭い布のような小さな国である。それならば、国を引いてきて縫いつけよう、と……

「栲衾志羅紀《たくぶすましらぎ》の三崎を、国の余りありやと見れば、国の余りあり」と詔《の》りたまひて、童女《をとめ》の胸鉏《むなすき》取らして、大魚《おふを》の支太《きだ》衝き別けて、波多須々支《はたすすき》穂振り別けて、三身《みつみ》の綱打ち挂《か》けて、霜黒葛《つづら》闇《くる》や闇やに、河船の毛曽呂《もそろ》毛曽呂に、国来《くにこ》国来と引き来縫へる国は、去豆《こづ》の折絶《をりたえ》よりして、八穂爾支豆支《やほにきづき》の御崎なり〔「海の彼方の新羅の岬を、国の余りがあるかと見ると、大いに国の余りがあるぞ」とおっしゃって、少女の薄い胸のような平らな鋤を手にとって、大きな魚のえらを突くように土地に突き刺して、魚の肉を切り離すように土地を切り離して、三つ編みの太い縄を投げかけて、霜にあって黒くなった蔓を手繰り寄せるように、河を引き上げる船のようにそろりそろりと、国よ来い、国よ来いと引いてきて縫い付けられた国は、右に見える去豆の山の線がすとんと落ちるあたりから、左に見える杵築の御崎までである」〕。（『出雲国風土記』意宇《おう》郡）

そして引いてきた国を動かぬように立てた杭は、石見の国と出雲の国との境にある佐比《さひ》売《め》山である。また国を引いたときの綱は佐比売山に巻きつけて固定した。これが薗《その》の長浜である。さらに同じように北門《きたど》の佐伎《さき》の国と波良《はら》の国（隠岐の島）、高志の都都《つつ》（北陸地方）の一部分を同じように綱で引き寄せてきて、縫い付けて国を広げていったことが語られていく。

周辺の国の一部を切り離し、綱で引っ張って来て縫い付けて、国土を大きくしていったという、なんとも壮大なスケールの国土創成神話である。まるで歌のようなリズムをもった語りの口調は、この国引き詞章が、国造家・出雲氏に隷属する専門的な語り部集団「語臣《かたりのおみ》」という一族に世襲的に伝えられてきた神話とも推定されている〔三浦佑之、二〇〇三〕。

どうやら、海上を流れ漂う島を繋ぎ止めたという中世のスサノヲ神話は、古代の国引き神話のイメージをもとにしていることは間違いなさそうだ。

実際のところ、出雲大社の「別宮」とされてきた日御碕社《ひのみさき》（この神社については、後に話題にする）には、国引きをしたヤツカミズオミツノとは、「素盞烏尊の別称なり」（「日御碕本社並社司遠祖事」）と伝える資料もある。あるいは出雲地方の地誌を作成した黒沢長尚の『雲陽誌』（一七一七）には、ヤツカミズオミツノが大蛇を退治して、尻尾から神剣を発見した云々といった、スサノヲと混同したような伝承も記されている。中世出雲において、スサノヲと国引きの神ヤツカミズオミツノとを結びつけてしまう神話が広がっていたことが想像されよう。スサノヲはついに国引きの神・ヤツカミズオミツノにも変貌したというわけだ。

ヤツカミズオミツノの神。『出雲国風土記』にのみ伝わる、国引きをしたこの神は、オホナムヂに先立って、出雲の地を作り上げた、国土創成の神であった。中世におけるスサノヲは、その根源的な創成神をも吸収し、出雲の地を作り上げた創成神へとメタモルフォーゼしていったといえよう。まさしく「天下社稷の神」としてのスサノヲが、ここに作り上げられたのである。

しかし、問題はそれだけでは終わらない。スサノヲが漂流する島を繋ぎ止めたという「国引き神話」の中世バージョン作成の背景には、じつは仏教との関わりがあったのだ。まさしく神仏習合の時代、中世特有の神話世界の創造だ。

そこで浮上してくるのは、出雲地方第一の古刹・鰐淵寺《がくえんじ》である。

鰐淵寺・日御碕と中世スサノヲ神話

鰐淵寺というトポス

島根半島の西部、出雲大社の北山の背面に、樹齢数百年をへた老杉が聳えるなかに立つ古寺がある。浮浪山《ふろうざん》・一条院鰐淵寺（島根県出雲市別所町）である。寺が伝える縁起では、推古天皇二年（五九四）に、信濃国の智春上人が、山内にある浮浪の滝で推古天皇の眼病平癒を祈ったところ効力があったので、一宇を建立したことに始まるという。また智春上人が滝で修行中に仏器を落としたが、一匹の鰐《さめ》が鰓《えら》に器をかけて浮かび上がったので、寺号が「浮浪山鰐淵寺」となったとも伝わる。

平安末期、院政期には、比叡山無動寺や横川《よかわ》楞厳三昧《りょうごんざんまい》院を中心とする回峰行者たちが訪れ、日本で最初の延暦寺の末寺になった。平安時代末期に成立した今様歌謡の集成『梁塵秘抄』のなかに「聖の住所」として「出雲の鰐淵や日の御崎」（巻第二）と歌われ、熊

図6　鰐淵寺

野の那智新宮、書写山とともに修験道の聖地として有名になったようだ。ちなみに武蔵坊弁慶はここで三年間修行したあと比叡山にむかったとも伝えられている〔井上寛司、一九九一〕。

しかしさらに重要なのは、鎌倉時代に、鰐淵寺は広大な寺領をもち、出雲大社の別当寺にもなっていたことだ。そして鰐淵寺の僧侶が出雲大社の「本願」となって、出雲大社の奉行として、実務・管理の権力をもち、その力は国造家より上だったという。さらに出雲大社の年中祭祀にも鰐淵寺の衆徒が関与していたのである。その関係は近世初期まで続いたことは、先にも触れたとおりである。

じつは鰐淵寺は、中世のスサノヲ神話

の生成にも関わる聖地であったのだ。山号が「浮浪山」と呼ばれる由来には、次のような伝承が伝わっていた。

浮浪山の縁起譚とスサノヲ

建長六年（一二五四）の年号がある「鰐淵寺衆徒勧進帳案」。天福元年（一二三三）に焼失した鰐淵寺の七仏薬師堂と三重塔の再建経費を募るために作成された文書の一部である。その冒頭で鰐淵寺の山号「浮浪山」の由来を説いている。

当山は巽《たつみ》国の霊地、他州神山なり。蓋《けだ》し竭（陀脱カ）国中央の霊鷲山《りようじゆせん》巽角、久しく波風に浮きて、遂に日域に就く。故に時の俗、号して浮浪山と曰ふ。

（「鰐淵寺衆徒勧進帳案」）

霊鷲山とは、かつて古代インド、マガダ国の首府・王舎城《おうしやじよう》（ラージャグリハ）にある小高い山。釈迦が『法華経』や『無量寿経』を説いた聖なる山とされる。その霊鷲山の東南の一角が欠けて、長いあいだ波風に浮かび漂い、日本に流れ着いたので、一般に「浮浪山」という。それは仏教が「東漸」するという信仰の表現ともいえよう。

ちなみに蔵王信仰の拠点である金峰山《きんぶせん》にも、天竺・霊鷲山、あるいは中国・五台山から飛来したのが「金峰山」である、という伝承がある。鰐淵寺もまた蔵王権現を護法神としていたことから、金峰山縁起の影響下に作られたことも推定されている〔井上寛司、二〇〇〇)。また鰐淵寺と近接した伯耆《ほうき》国の大山寺《だいせんじ》の縁起にも似たような漂流伝承が伝わる。すなわち地蔵権現が、「漢域之東岸」(アジア大陸の東岸)の一部が崩れて漂流するのを見て、弓でかき集めさせ、さらに天降ってきた「八雲の太神」が土を積み上げて固めて日本の国土の一部にした。そこに修験の霊場が作られたという内容である(佐伯徳哉、二〇〇七)。天降った「八雲の太神」は出雲大社の祭神たるスサノヲのことと推測される。

さらに比叡山・天台宗の光宗が編纂した『渓嵐拾葉集《けいらんしゅうようしゅう》』(鎌倉末期成立)には、王城鎮護の霊場である比叡山もまた、天竺の霊鷲山の南東の角が欠けて飛来し唐土の天台山となり、更に北東の角がかけて日本の飛来したものという縁起譚が伝わっている。天竺・唐土・日本の三国的な世界観にもとづく、中世特有の寺院縁起である。

しかし、中世のスサノヲ神話にとって注目したいのは、「鰐淵寺衆徒勧進帳案」が作られて三百年後、元亀年間(一五七〇―七三)の史料では、「浮浪山」の縁起譚が次のように語りなおされていることだ。

当社は最初、西天鷲嶺の艮《うしとら》の隅欠けて、浮浪し流れ来たるを、素盞烏尊、築き留め玉ふ。故に浮浪山といふ。麓には、霊祇利生《りょうぎりしょう》の大社(出雲大社を指す)を建て、諸神降臨の勝地を定む。峯には権現和光の社壇を構へ、仏天影向《ようごう》の結界を示す……。

(「寺僧某書状断簡」)

天竺の霊鷲山の東北の一角が欠け、流れてきた山の一角を繫ぎ止めた。先に見た浮浪山の山号由来と共通するものだが、ここではその繫ぎ止めた主体がスサノヲとなっているのである。鰐淵寺が、より一層神々の世界と結びついていることが見てとれよう。

そこでもう一度、出雲大社の国造家が伝えた中世スサノヲ神話を見直してみると、スサノヲが「浮山」を留めて……という言説が、鰐淵寺の縁起の語り口とそっくりなことに気がつくだろう。十四世紀の出雲国造家において、仏教系の漂着峰縁起がすでに取り込まれていたことは、充分考えられるよう。

たとえば江戸時代前期の紀行文『懐橘談』には、その姿を目の当たりに見ることができる。杵築大社と浮浪山鰐淵寺を一体の聖地とする神話である。

天竺霊鷲山の乾《いぬいの》角自然に崩かけて蒼海万里を流れ豊葦原に漂しを素盞烏尊、杵にて築留給ふゆへに杵築といひ此山を浮浪山とも流浪山共云伝へたり。

（『懐橘談』下）

ここから国造家に伝わる中世スサノヲ神話は、古代の「国引き神話」をベースにしつつ、さらにそれを超えた神話世界を作り上げたことが見えてこよう。ヤツカミズオミツノの国引き神話は、あくまでも日本海域を範囲とした、古代的な空間認識のなかで作り出された。一方、中世のスサノヲのほうは、天竺霊鷲山から流れてきた島を繫ぎ止めたというスケールにおいて、まさに天竺・唐土・日本（豊葦原）の仏教的な三国的世界観のなかの神として顕現してくるのである（佐伯徳哉、二〇〇七）。中世における「普遍的」な世界を体現する神といってもよい。それが彼を「天下社稷の神」としたのである。それは古代出雲の神・オホナムヂでは果せない力といえよう。

鰐淵寺に祭られる神々

では鰐淵寺とスサノヲとの直接的な繋がりはあるのだろうか。鰐淵寺は蔵王信仰の拠点であり、蔵王権現＝不動明王の姿が「荒ぶる神」スサノヲと適合したという説もあるが（井上、二〇〇〇）、さらに興味深いのは鰐淵寺には平安後期の「牛頭天王《ごずてんのう》像」とともに、常行堂には「摩多羅神《またらじん》」が祭られていたことだ（山本ひろ子、二〇一〇）。さらに境内には「摩多羅神社」が鎮座していた。

牛頭天王とは、京都祇園社（現在の八坂神社）に祭られる行疫神・防疫神。夏の祭礼・祇園御霊会《ぎおんごりょうえ》の祭神である。一方、摩多羅神は比叡山、多武峰《とうのみね》、日光山、毛越寺《もうつじ》などの天台系寺院の常行三昧堂《じょうぎょうざんまいどう》に「秘仏」として祭られる神である。どちらもその素性は異国から渡来した神という異国神である。詳しくは、次の章で解き明かしていくが、中世後期にあっては、それらはすべてスサノヲと同体とされていたようだ。

つまり鰐淵寺は、牛頭天王、摩多羅神という異国神を通してスサノヲとの関わりを強くもっていたことは間違いないだろう。中世という時代に、多様に変貌を遂げていくスサノ

図7　摩多羅神社

ヲのひとつの拠点が、鰐淵寺のなかにあったといってもいい。出雲大社は、そうした鰐淵寺と密接な関係をもつことで、中世出雲の「一宮《いちのみや》」としての位置を得ていたのである。近世になって、出雲大社の祭神がスサノヲからオホナムヂへと戻されたとき、同時に大社が鰐淵寺との関係を切っていくこととは、まさにそのことを如実に語ってくれよう。

さらに鰐淵寺には、スサノヲを葬った山という伝承も伝わるのだが、そのスリリングな話は、後にあらためて触れることにしよう。

図8　日御碕神社

日御碕のスサノヲ

中世のスサノヲ神話の展開にとって、もうひとつ欠かせない場所がある。島根半島のほぼ西端にあたる日御碕に鎮座する「日御碕神社《ひのみさきじんじゃ》」（島根県出雲市大社町）である。『出雲国風土記』や『延喜式』にも登場する由緒ある神社だ（以下、社名は「日御碕社」）。

海岸ぞいの狭い入り江の岩盤に建つ神社の境内には、鮮やかな朱塗りの権現造社殿が連なっている。勇壮広大な出雲大社に比べると、その姿はあまりに貧弱に見えるが、中世の時代にあっては、ここは鰐淵寺と一体となった、出雲における一大宗教センターであったのだ。先に紹介した『梁塵秘抄』には鰐淵寺と一緒にその名前が歌われている。ちなみに鰐淵寺と日御碕社には、地底で繋がっているという伝承もあった（『懐橘談』）。

累代の宮司は祭神・スサノヲの後裔・アマノフキネを始祖とする小野家が勤め、近世まで「検校《けんぎょう》」を名乗っていた。上宮（神宮）にスサノヲが鎮座し、下宮（日沈宮《ひしずみのみや》）にアマテラスを祭る。スサノヲとアマテラスを共に祭るという、きわめて興味深い神社である。

その祭神については、中世後期、観世弥次郎長俊（一四八八—一五四一）作と伝わる謡曲「大社《おおやしろ》」には、

われはこれ、出雲の御崎に跡を垂れ、仏法王法を守りの神。本地十羅刹女《じゅうらせつにょ》の化現《けげん》なり。

とあって、鬼女、食人鬼でありつつ、法華行者の守護神（『法華経』巻第八「陀羅尼品」）ともなる「十羅刹女」とされる。仏法王法守護の神ともいう。中世にあって、日御碕社の祭神が女神とされたことはたしかなようだ。『懐橘談』下巻にも日御碕の祭神は十羅刹女とある。

また同じく謡曲の「御崎《みさき》」では、祭神の十羅刹女は「素戔烏尊第三の姫」で、母親は「はらげつら龍王の姫宮」とある。龍王の姫宮が浜遊びをしていたところをスサノヲが見初めて、姫宮が懐妊した。その子どもが十羅刹女というストーリーである。この女神とい

うことが、後にアマテラスへと読み替えられたのだろう。中世末期から近世初頭には、アマテラスを祭神とする言説が広がっていたようだ。それによれば、アマテラスは「素盞烏尊第三の姫」ということにもなってしまうわけだ。

一方、中世後期の応永二十七年（一四二〇）成立の「日御碕社修造勧進帳」では次のような神話が伝わっている。

雲洲日御崎の霊神、乃《よつ》て、昔者《むかし》、月支国《げつし》の悪神、利兵を挿《さしはさ》み、巨船に乗じて、来寇す。其の鋒、当るべからざる。蓋《けだ》し荒地山の旧土を復せんと欲す。時に吾神、霊剣を飛ばし、威勇を振ひて、賊兵尽《ことごと》く漂没す。是れ、孝霊天皇の六十一年十一月なり。爾来《じらい》、異国防禦《ぼうぎょ》之神効、今に至るも絶ず。（「日御碕社修造勧進帳」）

寂《さび》れた社殿を復興するために「沙門明魏」という僧侶が資金を集めるために作成した勧進帳である。その冒頭に日御碕社の神威が述べられている。すなわち孝霊天皇六十一年の年に中国西域の悪神が攻めてきたが、日御碕社に鎮座する「吾神」が霊剣を飛ばして、賊兵をことごとく射ち亡ぼしたというのである。

この「吾神」の素性は書いていないが、異国から攻めてくる悪神から国を防御する「異国防禦之神効」ということからいえば、当然スサノヲということになろう。先に見た出雲国造家が伝える中世スサノヲ神話と、この勧進帳の言説はまさにリンクしているわけだ

〔新井大祐、二〇〇九〕。中世に出雲大社が「国一宮」として出雲地方を支配したとき、日御碕社はその「別宮」の位置に置かれていたことも、あらためて確認しておこう。

「素戔烏流神道」とは

さらに日御碕社に鎮座するスサノヲをめぐって興味深い資料を紹介しておこう。近年、日御碕神社に伝来する「神道資料」を調査・研究した大東敬明氏によれば、中世末期から近世初頭にかけて、日御碕社には「素盞烏流神道」を名乗る独特な神道があったという〔大東敬明、二〇〇八〕。

素盞烏流神道？　初めて耳にする読者も多いだろう。中世末期から近世初頭に日御碕においで作られた真言密教系の神道の一派ということらしい。

その由来を記す資料には、日御碕社に伝わった中世のスサノヲ神話の一面が見てとれる。

右、一流の灌頂《かんじょう》は嵯峨天皇御灌頂次第、御流《ごりゅう》といふ。しかるに大師（弘法大師・空海）出雲国に御下向の時、素盞烏尊の神託に依り両部灌頂を御修行と云々。御流の神道に、両部習合を合して行じ給う故に大師流といふ。是《ここ》に神託に依りて行はるる故に素盞烏流とも、これをいふ。また出雲流ともいふなり。

雲洲大社ならびに日御崎、この灌頂を御書留め置き、師資相ひ伝へて今に絶えず。ここに日御崎別当明海上人、上京の節、この灌頂の次第の不審の事どもを、源雅僧正の仰せを蒙《こうむ》り、朱付など、これを改むるなり。

（「御流灌頂私記初夜」）

嵯峨天皇、もしくは空海から始まる「大師流」という神道の流派があった。もちろん後に仮託されたものだが、中世末期から近世初頭にかけて、こうした「〇〇流神道」というのが大流行したようだ。その流れのなかで、出雲の日御碕社には、空海が出雲を訪れたとき、スサノヲの「神託」によって始まった神道があったという秘伝が作られたようだ。それを「素盞烏流神道」もしくは「出雲流神道」という。日御碕社の別当を勤めた「明海上人」なる人物が、上京したおりに真言宗の僧正に誤りがないかを確認したというわけだ。

それにしても、スサノヲが空海に託宣を下して、神道の流派が始まったとは、なんとも破天荒な言説である。まさしく中世のスサノヲ神話の一面が見てとれよう。

さらに大東氏の調査によって、現在の日御碕神社宮司家・小野家所蔵の文書中に、「素盞雄流灌頂式」といった名前で、多数の切紙（奥義や極意を短文で記した紙切れ）が伝来していたことも確認されている。たとえばそのひとつ「素盞雄太神三形尊形大事」には、スサノヲの「三昧耶形《さまやぎょう》」の姿が描かれ、その姿は空海のまえにスサノヲが顕現し、対面したときのものというのである。その伝授の年代は寛文年間（一六六一―七三）となっている。

またスサノヲが空海と対面した場所は日御碕社ではなく、「出雲大社」であったと明記されている。この「素盞烏流神道」の伝授された時代が、近世初頭の寛文年間であることも注目されるところだ。

本章の冒頭にも触れたように、寛文七年（一六六七）に、出雲大社の全面的遷宮造営が行われ、それを契機にして出雲大社の仏教勢力は一掃され、また祭神も中世以来のスサノヲから、「古代神話」にもとづくオホナムヂに改変されていった。大東氏は、そうした時代動向のなかで、あえて日御碕社が「素盞烏流神道」の伝授を実行しているのは、「出雲大社の変革に対する反発」ではないかと見ている〔大東敬明、二〇〇八〕。日御碕社に伝来した「素盞烏流神道」。その背後には、中世末から近世初頭にかけての「出雲」を舞台とした権力関係のドラマが秘められていたようだ。

しかし、日御碕社の神殿の奥には、もうひとつ重大なスサノヲ神話が潜んでいた。冥府《めいふ》の神《かみ》としてのスサノヲである。

冥府としての出雲

中世出雲を舞台に繰り広げられていったスサノヲ神話。古代神オホナムヂを圧倒し、出雲大社の神殿のあるじとなったスサノヲは、けっして悪神として流されてきた神ではなかった。出雲の土地を創成していくスサノヲは、仏教の知を介することで、なんと遠く天竺の聖山とも結びつく、グローバルな神としての相貌をも見せてくれるのである。さらには空海とも出会い、あらたな神道流派の始祖ともなっていく……。

ところで、出雲におけるスサノヲはもうひとつの面をもっていた。出雲が「根国」とも通じる世界であったことだ。すなわち、そこでのスサノヲは、現世の背後に広がっている死の国のあるじ、冥府の神ともなっていく。そのときスサノヲは閻羅王《えんらおう》へと変貌していくのである。それを創造する重要な現場のひとつが、日御碕社であった。

死の国の神へと変貌するスサノヲを追ってみよう。

「幽宮」をめぐる神話

ここに日御碕社の宮司が伝えた神社記録がある。近世初頭の作成と推定される文書だが、そのなかに、興味深いスサノヲ神話が載っている。

社記に曰《いは》く、当社は大倭《やまと》国乾之《いぬいの》極境なり。当国においてまた然《しか》りなり。陰陽至極の境にして、万物起元の霊地なり。素盞烏尊、陰国に生る。故に陽神となる。今、宰治《さいち》するところ、また極陰の地なり。これ以て功事畢《をは》る。此の地を以て幽宮となすものなり。（隠丘の神秘《じんぴ》あり）又曰く、根国は子《ね》国なり。万物根元の国と謂《い》ふ儀なり。

（『日御碕両本社並社司遠祖事』）

日御碕社は日本国の西北の果てにある。それは出雲国内においても同じである。日御碕社の鎮座する場所は陰陽の極点の境域であり、万物が起源する霊地である。それゆえ陰国に生まれたスサノヲは陽神へと反転する。今、天下を治めるところも極陰の地である。スサノヲは、その功事が終わった後、この「幽宮《かくりのみや》」に鎮まったのである。また、根国は「子国」であり、万物根元の国という意味だ……。

陰陽説を巧みに使った神学ロジックには、近世初頭に広がる朱子学系神道の色合いを見ることもできるだろう。中世から近世へと転換のなかで生み出されたスサノヲ神話といってよい。

あらためていうまでもなく、『日本書紀』のなかで「根国」とは、悪神としてのスサノヲが放逐された場所であった。それは陰陽至極の場所ということとも呼応しよう。だが、ここでは「根国」は、悪神の流刑地ではなく、それを「子国」と読み替えることで、万物が生成する根元の地とするのである。スサノヲが支配する「根之堅州国」が、葦原中国を支える根源的な他界であったという『古事記』神話を、あらたなロジックで説明し直したともいえそうだ。

ともあれ、この縁起譚の記述には興味深い内容が多いのだが、もっとも注目したいのは、天下を治めたスサノヲが後に鎮まった地を「幽宮」と呼ぶところである。それはオホナムヂが「皇御孫」に国の支配権を移譲するにあたって、「吾が治《し》らす顕露事《あらはなること》は、皇孫《すめみま》治らしたまふべし。吾は退《さ》りて幽事《かくれたること》を治らさむ」（『日本書紀』神代下・第九段・一書〔第二〕）と語った言葉からインスピレーションを得ていることは間違いない。古代神話のオホナムヂの役割をスサノヲに読み替える中世神話の方法である。

しかしあらためて、スサノヲが鎮まる地＝「幽宮」とは何か。それは「根国」とともに、死後の他界というイメージが付きまとう言葉であることはたしかであろう。

ところで「幽宮」の下に小さく「隠丘の神秘あり」という注がついていた。「幽宮」と「隠丘」とはどういう関係があるのか。

図9　隠　　丘

飛来した柏葉と「隠丘」

江戸時代中期、松江藩主の松平宣維《のぶずみ》の命令で黒沢長尚が執筆した出雲地方の地誌『雲陽誌』（一七一七）のなかに、日御碕社の摂社として、「秘基神社　隠《かくれが》岡《おか》といふ垣あり社なし」という一文がある。それと関係しているのが「神紋石」の伝承である。『雲陽誌』を引こう。

石面に柏葉あり。……神代の昔、国を平げて後、熊成《くまなり》の峰に登り、柏をもつて占ひて曰く、吾柏葉の止まりたる所に住まむと欲す。遂に風に随て此の地に止まる。

（『雲陽誌』巻之十「神門《かんど》郡」）

国を平定した神が、熊成の峰に登って、柏の葉が飛んでいった地に鎮まろうと占ったところ、柏の葉が落ちた場所が、ここ「隠丘」というのである。

「隠丘」の伝承地はいまもある。日御碕神社から日本海に沿った道を歩き、ウミネコの繁殖地として有名な「経丘《ふみがおか》」が見える灯台の少し先、鳥居のある細い山道を登ったところが「隠丘」である。鬱蒼《うっそう》とした木々に囲まれた、なんとも神秘的な雰囲気が漂う、まさしく「隠丘」と呼ばれるにふさわしい場所だ。

国を平定したあと、柏の葉で占って、ここに鎮座した神とは……、そう、スサノヲであったのだ。日御碕社のスサノヲを祭る「上の宮」は、もともと隠丘にあったものを移したという社伝もある。つまりここはスサノヲを祭る聖地であったというわけだ。

それにしても、「隠丘」とか「幽宮」とかいったネーミングには、なにか仄暗《ほのぐら》い冥界のイメージを漂わせていよう。それは冥府神としてのスサノヲの神話世界へとわれわれを誘ってくれるのである。

熊成の峰から根国へ

先に紹介した『雲陽誌』に載る「隠丘」伝承に、もう一度目をむけると、気になる一節がある。天下を平定したスサノヲが、「熊成の峰」に登ってから、柏の葉の占いをしたと記述されるところである。

「熊成の峰」とはどこか。じつはその場所は『日本書紀』のなかに出てくるのであった。

然《しか》して後に素戔烏尊、熊成峰《くまなりのたけ》に居《ま》しまして、遂に根国に入りたまふ。

天上を追放されたスサノヲに関する「一書」の異伝である。ここでスサノヲの身体から人間の生活に必要な木材が生じたことを語り、神自身は「熊成峰」に居住した後に「根国」に赴いたというストーリーになっている。「熊成峰」について最近の注釈では、「ナリ」は古代朝鮮語で津・川を意味し、「クマナリ」は朝鮮半島の地名と見ている。つまりスサノヲは朝鮮半島へ渡ってから「根国」に赴いたというわけだ〔小島憲之他、一九九四〕。

一方、中世にあっては「熊成峰」を出雲の鰐淵寺に結びつける言説があった。『雲陽誌』に伝わるものだが、そのなかには驚くべき内容が見出されるのである。

飛滝社《ひろうしゃ》の絶頂を熊成の岳といふ。八葉の其一なり。弥山ともいふ素盞烏尊を葬たてまつるといへり。神書に熊成の岳に神去ますといふもしかなり。故に素盞烏尊を山上にまつり摩多羅神《またらじん》と崇敬す。（『雲陽誌』巻之九「楯縫郡」）

飛滝社が鎮座する鼻高山の頂を「熊成の岳」と呼ぶ。『日本書紀』の「熊成峰」を出雲の地にあてているわけだ。興味深いのは、そこがスサノヲの葬られた葬地であったという記述だ。そして葬地に葬られたスサノヲを「摩多羅神」として崇敬しているというのである。

『日本書紀』では「熊成峰」を経由して「根国」へと赴いたと語られていたが、近世の地誌に伝わる伝承では、「熊成の岳」に神去ります＝他界へと赴いたと読み替えられていることがわかる。つまり鰐淵寺のある地そのものが「根国」でもあるとも解釈できるのである。さらに驚くのは、それがたんなる他界ではなく、スサノヲを葬った場所とされているところだ。

じつは出雲の地には、ほかにもスサノヲの墓と伝わる場所があった。

スサノヲの墓を求めて

中世のスサノヲ＝摩多羅神を考究した山本ひろ子氏によれば、出雲にはスサノヲの墓とされる場所が複数あったという〔山本ひろ子、二〇一〇〕。そのひとつが「熊成の岳」であった。もうひとつは、鰐淵寺の寺領であった唐川村（現・出雲市）。そこには、なんとスサノヲの骨を埋めた墓の跡というのも伝わっているという。面白いのは、その骨は太く長い「脛の骨」だったとされるところだ。それから推定すれば、スサノヲの背丈は八尺はあっただろうという（『島根県口碑伝説集』）。

そしてスサノヲの骨を埋めた墓は、摩多羅神の「本願」とも呼ばれ、摩多羅神屋敷とも呼ばれていた。「骨」を介してスサノヲと摩多羅神とが結合するというわけだ。それは先に見た「熊成の岳」の伝承にも通じるものであろう。

なお山本氏は、これらの伝承から、日御碕社の「隠丘」もまた、スサノヲの葬地とされていたのではないかと推定している。国の平定を終えて鎮まった場所とすれば、「神去ります」＝葬られた場所とも理解できよう。まさしく他界としての「根国」＝「幽宮」でもあったわけだ。

ところで、スサノヲ葬送伝承とともに登場してきた摩多羅神とは、中世の天台系寺院で祭られた神である。もともとは念仏修行者を守護する神であったが、後には天台密教の秘説とも結びつき、さらにスサノヲと同体化していくことになる。その詳しいところは次の「祇園御霊会のスサノヲ」であらためて触れることにして、ここではスサノヲの墓という伝承を通して見えてくる、冥界神としてのスサノヲの相貌を追うことにしよう。

次のような一節が『雲陽誌』にある。

此地は根国なり。雲州は素盞烏尊開給ふ所にして宮居の在所なり。

（『雲陽誌』巻之十「神門郡」）

出雲の地はスサノヲが開いた土地。それはまさに創成神としてのスサノヲの中世神話と通じるものだ。だが、同時にその場所は「根国」ともされる。そして中世神話の世界では、「根国」は文字どおり冥界や地獄として語られていく。冥府神としてのスサノヲである。

閻魔王、地蔵菩薩としてのスサノヲ

そこで出雲現地から離れて、中世の仏教系神話学者たちによるスサノヲ神話を見てみよう。スサノヲが仏教によって読み替えられていく姿がそこに現れてくるからだ。

たとえば志摩国に居住していた真言宗の僧侶、春瑜《しゅんゆ》（一四〇一―五九？）が書写した『日本書紀私見聞《しけんもん》』という本を見てみると、なんとスサノヲは地獄の王・閻魔王のこととされていく。

素戔烏尊ト者《は》琰魔《えんま》法王也。此ノ尊ハ悪神ニテ国ノ内ノ民ヲ煩シ、青山ヲ枯《から》山ニ成シ、勇悍《たけく》シテイブリ鳴クナル事ヲ以テ行《わざ》トシ、或ハブチ駒ヲイケハキニシテ殖田《うへだ》ノ中ヘヲイ入ヲイ出シ悪事ヲ以テムネトシ、更ニ慈悲无《な》キ神ニテ御座ス也。天照太神ハ慈悲深重ノ神ニテ、素戔烏ノ尊ノシワサヲ悲テ天ノ岩戸ニ閇籠《とじこも》ラセ給テ……

素盞烏ノ尊是ニモヲソレスシテ、我レ此国ニアラシトテ日本国ヲハ御嫡子ノ大夕、ラノ宮ニ之ヲ譲リ奉ル、我ハ地下ノ根国ヲ領シ給ヘリ。根国トハ地獄之名也。仍《よつて》炎魔王ト者素盞烏尊也。本地地蔵也。（春瑜写『日本書紀私見聞』）

スサノヲは慈悲心のかけらも無い「悪神」であった。そしてアマテラスとの対立のなかで、「日本国」から立ち去り、その統治を息子の「大夕、ラノ宮」（オホナムヂのこと？）に譲り、地下の「根国」を支配した。根国とは地獄のことであり、だからスサノヲを「閻魔法王」と呼ぶ……。『日本書紀』の神話を独自に読み替えた、まさしく仏教版「中世日本紀」といえよう。

こうした中世神話のスサノヲ像は、けっして少なくない。

ソサノヲハ決定《けつじよう》此ノ国ノ主也。然《しかれ》トモ悪神ナレハ根ノ国ニ送リ捨ツ。炎魔王是《これなり》也。

（『山王神道秘要集』）

其後《そののち》、索丼烏尊《すさのをのみこと》、母ノ跡ヲシタヒテ迷土ニ下リ、閻魔王トアラハレ玉フナリ。

（『十王経注』）

素盞烏尊文、閻魔王ヲ云也、委細下巻ニ有るべし。

根国文、閻魔王宮ト云、或ハ黄泉《よみ》国トモ注セリ、或注云、無間地獄文。

（良遍『日本書紀巻第一聞書』）

スサノヲは本来「国の主」であったが「悪神」なので根国に送り、そこで閻魔王となったとか、あるいはスサノヲは母を慕って「冥土」に降って閻魔王として顕現した。または「根国」は「黄泉国」のことで「無間地獄」（八大地獄の最下層）とも呼ばれている。とくに亡き母の跡を慕って……という展開は、『日本書紀』よりも『古事記』のストーリーを思い出させよう。

いずれにせよ、中世の仏教者たちの神話学のなかでは、スサノヲは「悪神」であり、それゆえに彼が追放された「根国」は悪人が陥る無間地獄とされ、また地獄の支配者・閻魔王のことととされていくのである。ここには、天竺から漂流した山を繋ぎとめた、出雲の地を創成したスサノヲとはまったく違う神話が生まれていることが見てとれよう。まさしくスサノヲ、七変化である。

冥府＝地獄の神たるスサノヲは、あくまでも「悪神」であった。だが、先に紹介し春瑜本『日本書紀私見聞』をもう一度見直すと、最後に「本地地蔵也」という一節がある。「本地」とは、中世の本地垂迹説にもとづく発想。この世の「神」は仏菩薩が衆生を救うために仮に姿をあらわしたという思想である。アマテラスの本地が観音、あるいは大日如来といった言説など、中世の神々は多く「本地仏」をもつことになるのだが、スサノヲの「本地」を説く言説は、とても稀な例である。ここで悪神ゆえに地獄の閻魔王となったスサノヲは、じつはその本当の姿は地蔵菩薩であったというわけだ。

一般に地蔵菩薩といえば、地獄に堕ちた衆生の苦しみを代わりに受けてくれる＝代受苦の仏として知られている。「お地蔵さん」として、民俗社会にも広く信仰されることは、あらためていうまでもない。荒ぶる悪神スサノヲは、「本地地蔵也」という一節によって、地獄・冥府の支配神でありつつ、死の国の救済者としての一面をもつことになるわけだ。

ちなみに「焔魔天供《えんまてんく》」「冥道供《みようどうく》」といった密教修法においては、「地蔵菩薩は閻魔王たるなり」（真言系・心覚『別尊雑記』）、「地蔵ハ焔魔天ノ本身也」（真言系・守覚『沢抄』裏書）と、閻魔王と地蔵菩薩を同体化していく信仰が一般的であった（速水侑、一九七五）。閻魔王＝スサノヲの本地を地蔵菩薩とする発想には、こうした密教修法の影響もあるだろう。

冥・顕の神話学へ

さらに仏教系神話学のなかのスサノヲ像を追ってみよう。

中世後期の、きわめて特異な経歴をもつ天台僧を紹介しよう。慈遍《じへん》（鎌倉末期〜室町初期）である。彼は、「日本紀の家」たる卜部氏出身で、その兄には、『徒然草』の著者、吉田兼好もいる。天台教学を修めた学僧であるが、伊勢神宮の外宮神官たちとも交流をもち、その著作には外宮神官の度会常昌《わたらいつねよし》が序文を草してもいる。中世の「伊勢神道」と天台教学を合体させたような、独自な宗教思想を作り上げた思想家として、最近注目を集めている人物だ〔玉懸博之、一九九八　末木文美士、二〇〇八など〕。

そこで慈遍のスサノヲ神話を見てみよう。『先代旧事本紀《せんだいくじほんぎ》』を注釈したテキストの一節である。


故に根の国とは、黄泉を指すなり。即ち是れ冥道《みようどう》を謂《い》ひて異界とす。感見隔つと雖《いへど》も、何《いづ》くにか別の処有らむ。然《しか》れども迷ひて生死《しようじ》を恐れ、妄《みだり》に冥顕《みようけん》を隔つ。故に自ら神祇を分ち、各《おのおの》、含識を度す。天神顕を鎮め、皇孫世を治め、地祇冥を領す。素戔烏の流、若《も》し生死を論ぜば、冥顕互に転じ、陰陽変化す。即ち離れて了しつべし。且《かつ》冥界を具す。彼の素戔烏、故に黄泉に趣き、母の根の国に就きて謂ふに、其の道の間に出雲国に行き……。遂に彼の姫を娶りて生める所の神を、大己貴《おほあなむち》と名づく。此等

の命も、亦幽国の主として、皆冥界《みょうかい》を領す。（慈遍『旧事本紀玄義』巻第三）

スサノヲが母のいる「根の国」（黄泉国）に赴く途中、出雲でクシナダヒメと結婚し、その子オホナムヂが「幽国の主」となって、冥界を支配している……。「記紀神話」にもとづきながら、冥界をテーマに読み替えていることは興味深いだろう。ただ問題は「幽国」「冥道」をめぐる仏教教義。なかなか難解な言説だが、できるだけわかりやすく読み解いてみよう。

生と死、あるいは生の国たる「顕界」と、死の国たる「冥府」には、本来区別はなかった。だが人びとに「迷い」の心が生じて生死の隔離を恐れ、妄りに「冥と顕」（あの世とこの世）を分けてしまった。そのために神々も冥神、顕神として二分された。そして冥界の神の系譜こそ、根国＝黄泉国の神であるスサノヲであり、その子のオホナムヂであったと説いていくのである。

この、本来は生死・冥顕の区別はなかったという発想は、中世仏教で流行した「本覚思想」にもとづく。生と死とは「不二《ふに》」「一如《いちによ》」という教えだ。慈遍はその仏教のロゴスを神話における天地開闢《てんちかいびやく》以前のイメージで語っていく。天地がわかれる以前の「渾沌」では、まだ物質と精神、有無の区別もなく、人間の苦しみの元になる物欲や執着の心も発生していない。まさに「スベテ神代ニハ人ノ心皆清浄《しようじよう》ニシテ悉《ことごと》ク正直也」（『豊葦原神風和記』）という状態である。ちなみに、こうした神話解釈は伊勢神道にも通じるものだ。

天地がわかれ、有無の区別が始まると、人間的な欲望も生じ迷いが生じたので、神々にも「顕」と「冥」の区別ができたというわけだ。もっとも神の世界では、有無の区別は生じても、冥・顕の世界に貫通している普遍的原理はひとつという議論も展開させるので、なかなか分かりにくい。

じつは、このことはスサノヲという神の捉え方にも繋がる。悪神ゆえに冥土にむかい、冥界を支配する神となったスサノヲだが、その悪神としての神格は、同時に人びとを救済する力にもなっていく。そもそも善と悪とを区別することは人間的な価値観にすぎない……という議論になるのである。

このあたりことは、慈遍から影響を受けた、同じト部氏出身の吉田兼倶《かねとも》の神話学（「祇園会のスサノヲ」参照）によって、さらに展開されていくが、詳しくは「スサノヲの神話学」で語ることにしよう。

あらためて慈遍の説で注目したいのは、スサノヲ、オホナムヂの神が「幽国の主」「冥界」を支配する神とされるところ。つまりスサノヲ、オホナムヂが鎮座する出雲国そのものが「冥界」と重なっていく神話的イメージがここで創造されていくわけだ。その神話イメージは、では出雲の現地ではどう展開していったのだろうか。ふたたび中世の出雲に赴いてみると――。

「清浄の神と成る」

日御碕社の縁起譚などからは、出雲を根国と同体化させるなかで、「幽宮」と見る言説が広がっていたことが見てとれよう。そこではスサノヲは幽冥界の神という仏教系の神話学ともシンクロナイズしたかもしれない。しかし、残念ながら出雲現地には、冥界神としてのスサノヲの神話をダイレクトに伝える言説は少ない。

一方、日御碕社に伝わる資料では、次のようなスサノヲ像が語られている。日御碕社の別当・学雄（十七世紀頃）が伝えた「六根清浄祓《ろっこんしょうじょうはらへ》」という祓えの奥書の一文である〔大東敬明、二〇一〇〕。

六根清浄祓、素盞烏之悪心ヲ憐愍有リ、天照太神、追善セシムレバ、根国ヨリ此土ニ帰シ、清浄ノ神ト成ル。今、衆生ヲ度《ど》シ給フ所ノ祓、我家ノ重宝トナストコロ、他見セズ也。〔スサノヲの悪心を憐れんだアマテラスが、追善したところ、スサノヲは根国より戻って清浄の神となり、「六根清浄の祓」を衆生に伝えた。これは我が家の重宝であり、他見させることはない〕　（「六根清浄祓」）

「六根清浄祓」とは、中世末期に吉田神道によって作成された祓えの呪法である。文明十七年（一四八五）に吉田兼倶が作成したともいう〔出村勝明、一九九七〕。吉田神道は近世前期に全国の神社組織を支配したので、日御碕社にもそれが伝わったのだろう。注目したいのは、「六根清浄祓」の起源をスサノヲ神話に結びつけて語っているところだ。それが引用した一文である（これは日御碕社のみに伝わる独自なバージョンである）。

すなわち、スサノヲは「悪心」ゆえに根国（地獄）に堕ちた。アマテラスがそれを憐れんで「追善」の供養をしたので、根国からこの世に戻ってきて、「清浄の神」として生まれ変わった。そして衆生を導くところの「祓え」が、スサノヲ＝清浄の神の由来をもつ「六根清浄祓」である……。

根国（地獄）という冥府に赴いたスサノヲは、そこで衆生を救う＝代受苦の神となるのではなく、アマテラスの「追善」によって、この世に召喚されてしまうのだ。戻ったスサノヲは「清浄の神」として人びとを救うことになるのだが、ここで価値観は明らかに「現世」の側に置かれていることがわかる。冥府、あの世での救済をスサノヲが担うことは、もはや不可能となったのである。

ここには、中世的な冥府観が後退し、現世における「清浄」に力点が移っていく、近世初期の動向を見てとることもできよう。スサノヲは冥府での救済神たりえないのだ。それはまた、冥府と通ずる「根国」としての出雲という中世神話のリアリティが失われていくことを暗示していよう。その背後に繰りひろげられていたのは、出雲大社と鰐淵寺（日御碕社）とのあいだの権力をめぐるドラマであった。

冥府としての出雲。その神話世界がふたたび甦ってくるのは、江戸時代末期まで待たねばならない。平田篤胤《あつたね》（一七七六—一八四三）の出雲＝冥府神話論である（『霊《たま》の真柱《みはしら》』『古史伝』）。ただし、そのときの冥府の主神は、オホクニヌシに奪われてしまうのだが……。

祇園御霊会のスサノヲ

スサノヲ変成の「神話工房」へ

スサノヲ、祇園祭の神輿に乗る

京都三大祭のひとつの「祇園祭」といえば、絢爛豪華《けんらんごうか》に飾られた山鉾が、巨大な車をきしませながら市中を巡行するクライマックスが有名だろう。だが、この祇園祭の主役がスサノヲであることはご存知だろうか。

山鉾巡行が終わった七月十七日の夜、京都東山の八坂神社から三基の神輿《みこし》が繰り出し、市中を巡行した後、四条京極のお旅所に一週間、鎮座する。華麗なる山鉾巡行は、三基の神輿に乗る神を迎えるための祓え行事でもあったという。

そう、この神輿に乗る神こそ、スサノヲであったのだ。中御座《ござ》が「素戔烏尊」、東御座が妻の「稲田姫《いなだひめ》」、西御座はふたりの子どもたち「八柱御子神《やはしらのみこがみ》」とされる。

図10　「祇園祭」三基の神輿

夏の盛りに行われる祇園祭は、かつては「祇園御霊会《ごりょうえ》」と呼ばれたように、夏に流行る疫病を防ぐための祭礼であった。そして八坂神社に祭られるスサノヲは、疫病をもたらす行疫神でありつつ、その災いから人びとを守ってくれる疾病消除の神として信仰されていたというわけだ。

もっとも祇園祭の主祭神がスサノヲとなったのは、明治初年の、いわゆる神仏分離令以降であることも知られていよう。明治以前においては、祇園祭の主役は、「牛頭《ごず》天王《てんのう》」という異国渡来の神仏習合的な神格であった。スサノヲが祇園祭の神になるのは、国家神道の時代の始まりに、「記紀神話」の神が利用されたにすぎない、と。

たしかに明治初年の神仏分離令の影響は

見過ごせない。祇園祭とスサノヲとの繋がりは、その時点において大きく変わっていくのである。それは間違いない。

しかし、近代になって、突然、スサノヲが祇園祭の神となったわけではない。明治以前の長い時代にわたっても、祇園祭の主祭神は、牛頭天王であると同時にスサノヲともされてきた。そう、「中世神話」のスサノヲである。中世の祇園社を舞台にして、スサノヲを祇園御霊会の神とする中世神話が作り出されていった。変貌するスサノヲを求めて。次なる舞台は、王城の地＝京都である。

では、いかにしてスサノヲは祇園祭の主祭神となったのか。牛頭天王と合体していく、中世神話を作り出したのは、いったい誰なのか——。本章では、その謎に迫ってみよう。

蓑笠を着て追放されるスサノヲ

スサノヲが祇園祭の神へと変貌する出発点は、『日本書紀』の「一書」にあった。天上での悪逆行為によって諸神たちから追放されたスサノヲは、冷たい霖雨のなかを彷徨《さまよ》い歩いていた。出雲へと降るまえのスサノヲのエピソードである。

時に、霖《ながめ》ふる。素戔烏尊、青草を結束《ゆひつか》ねて笠蓑《かさみの》として、宿を衆神《もろかみたち》に乞ふ。衆神の曰く、「汝は是躬《これみ》の行濁悪《けがらは》しくして、逐《やら》ひ謫《せ》めらるる者《かみ》なり。如何《いかに》ぞ宿を我に乞ふ。」といひて、遂に同《とも》に距《ふせ》く。是を以ちて風雨甚しと雖も、留《とまり》休むこと得ずして辛苦《たしな》みつつ降《くだ》る。爾《それ》より以来、世に笠蓑を着て他人の屋内《やぬち》に入るを諱《い》む。又束草を負ひて他《ひ》人《と》の屋内に入るを諱《い》む。此を犯す者有らば、必ず解除《はらへ》を債《おほ》す。此は太古《いにしへ》の遺法《のこれるのり》なり。

（『日本書紀』神代上・第七段・一書〔第三〕）

青草を結い束ねて作った蓑笠を着たスサノヲは、穢れの神として、宿も拒否されたまま、冷たい霖雨のなかを流離していく。『記』『紀』正文には出てこない、なんとも哀れなスサノヲの姿である。だが、この「哀れなスサノヲ」は、現代の多くの神話学者、民俗学者たちに様々なインスピレーションを与えてきた。

たとえば折口信夫《おりくちしのぶ》は、この神話をベースに、遠い異界から旅姿をした神が来訪する「マレビト信仰」という仮説を提起していった〔折口、一九二九〕。蓑笠を着て宿を乞うスサノヲには来訪神のイメージが読みとれる、というわけだ。沖縄・石垣神の来訪神、マユンガナシには、そうした相貌を見ることができる。

しかし、蓑笠を着たスサノヲが「穢れ」として宿を拒否され、さらに蓑笠を着たものが屋内に入ることをタブーとする「太古の遺法」の由来があるように、ここには祝福される神ではなく、忌み嫌われ、追放される邪霊、さらにあの世から戻ってきた死者のイメージを読みとる小松和彦氏の説もある〔小松、一九八五〕。すなわち祝福をもたらす来訪神は、同時に災厄をもたらす邪霊として忌避され、追放されるという「異人」の両義性のロジックである。

また蓑笠を着せたヒトカタに人の罪穢れを移し、村の境の山川に放棄する習俗とともに、それを屋内に入れることを忌むタブーを見出す説もある〔小島憲之他、一九九四〕。まさしく現代の民俗学、神話学者に豊かな想像力を掻き立ててくれる、興味深い神話エピソードといえよう。

では、わが中世の神話学者たちは、この「異説」をどのように解釈したのか。そう、彼らはここから祇園社の祭神としてのスサノヲ神話を作り出していったのだ。スサノヲが祇園社（現・八坂神社）の神へと変成《へんじょう》していく中世の「神話工房」を訪ねてみよう。

引用された『備後国風土記』

鎌倉時代後期、「日本紀の家」＝神話学者の一族、卜部兼文《かねふみ》・兼方《かねかた》。彼ら親子によって作成された『釈日本紀』という書物は、これまでも紹介した、『日本書紀』の体系的な注釈書であり、中世神話作成の代表的な著作である。そのなかで「素戔烏尊乞宿於衆神」（スサノヲが衆神たちに宿を乞う）の場面が注釈されていく。

もちろん、彼らの「注釈」は、現代のわれわれとはまったく違う。彼らにとって「注釈」という行為は、新しい神話を作り出す創造過程であった。中世の神話学者はそのまま「神話作者」でもあったのだ。そしてスサノヲを京都、祇園社の祭神へと変貌させる「神話工房」は、卜部氏たちの注釈学のなかにあったのである。

以下、その変成の過程を見ていくことにしよう。『釈日本紀』は、旅の途中、宿を拒否されていくスサノヲ神話を注釈するために、まず、次のような別の伝承を「関連資料」として引用する。

備後国風土記に曰ふ。疫隈国社《えのくまのくにつやしろ》のこと。昔、北の海に坐《ましま》しし武塔《むとう》神、南の海なる神の女子《をとめ》を結婚《よばひ》に坐すに日暮れぬ。その所に蘇民将来《そみんしようらい》、二人ありき。兄《え》の蘇民将来は甚《いた》貧窮《まづ》し。弟《おと》の将来は富み饒《にぎは》ひて屋倉《いへくら》一百《もも》ありき。ここに塔の神、宿処《やどり》を借りたまふに惜みて借さず。兄の蘇民将来は借し奉りき。即ち粟柄《あはがら》を以ちて座《ゐしき》とし粟飯《あはいひ》を以ちて饗《あ》へ奉りき。

ここに畢《をは》りて出で坐しし後に、年を経て八柱の子を率《ゐ》て還り来て詔《の》りたまはく、「我、将来が為報答《むく》はむ。汝《いまし》が子孫《うみのこ》其《し》が家に在りや」と問はせ給ふ。蘇民将来、答へて申さく、「己が女子、斯《わ》が婦《つま》と侍る」と申す。即ち詔りたまはく、「茅の輪を以ちて腰の上に着けしめよ」とのりたまふ。詔の随《まにま》に着けしむるに、即夜《そのよ》に蘇民の女子一人を置きて、皆悉く殺し滅してき。即ち詔りたまはく、「吾は速須佐雄《はやすさのを》の神ぞ。後の世に疫気《えやみ》あらば、汝、蘇民将来の子孫と云ひて、茅の輪を以ちて腰に着けて在る人は、免れなむ」と詔りたまひき。

（『備後国風土記』逸文「疫隈国社」）

北の海に住まう武塔神が、妻を求める旅の途中、蘇民将来の弟から宿を拒否された……。蓑笠を着たスサノヲが、諸神から穢れの神として宿を拒否される姿と、一面通じるものがあるだろう。

だが卜部兼文・兼方にとって、さらに重要だったのは、宿を拒否した弟の将来の一族を皆殺しにする恐ろしい武塔神が、「われはスサノヲなり」と名乗った結末である。すなわち、「備後国風土記に曰ふ」と引用された神話は、スサノヲ神話のバリエーションとして理解されたわけだ。ここにおいてスサノヲは、恐ろしい行疫神でありつつ、歓待してくれる者は疫病から守ってくれる神へと変貌していく……。

中世版風土記のスサノヲ神話

ところで、『釈日本紀』に引用された『備後国風土記』とは、風土記のネーミングからいえば、出雲、常陸、播磨などの『風土記』と同じく、奈良時代に作成された地方地誌ということになろう。しかし残念ながら、『釈日本紀』が引用した『備後国風土記』は、その文体や表記法から、奈良時代の文献とはいえないようだ。『備後国風土記』の「逸文」として引用された、この伝承は、「風土記」のネーミングをもちいた「偽作」であったらしい。まさに「日本紀」の名前を使って、新しい神話を作り出すのと同じ、中世版の「風土記」といえよう。

しかし、そうした「偽作」こそが、変貌していく中世神話を生み出す最大のエネルギーであったことは、本書で明らかにしてきたとおりだ。すなわち、『日本書紀』一書の蓑笠を着たスサノヲは、「風土記」の武塔神とジャンクション（接続）することで、あらたな行疫神／防疫神としての神格を獲得していくことになるのだ。

では、そもそも「武塔神」はいかなる神なのか。近年の注釈では朝鮮のシャーマンである「ムータン」のことであり、彼が居住する「北の海」とは朝鮮を指すという（植垣節也、一九九七）。あるいは「蘇民将来」とは、朝鮮半島の「蘇」（古代のアジールの一種）の民を率いている将来（将軍）のことで、追放されたスサノヲはそこに匿《かくま》われていた……という解釈もある（川村湊、二〇〇七）。まさに現代における、あらたな神話変貌を思わせる解釈ではあるが、この武塔神伝承が、ヤマト国内ではない異国の神の物語であることは間違いなさそうだ。

「祇園社」の祭神

『釈日本紀』は、『備後国風土記』の「疫隈国社《えのくまのくにつやしろ》」（現在の広島県福山市新市町の素盞烏尊神社）の縁起譚を引用したあと、「先師」（卜部兼方の父・兼文）の説として、「先師申して曰く、これ則ち祇園社の本縁なり」という一文を付している。「祇園社」とは八坂神社の古名である。すなわち卜部兼文は、武塔神＝スサノヲを語る「疫隈国社」の伝承は、京都・祇園社の起源神話であったとするわけだ。この一節によって、「記紀神話」の神・スサノヲは、祇園社に祭られる神へと変貌することに

図11　「疫隈国社」（現在の広島県福山市・素盞烏神社，写真は神社提供）

なる。

しかし、まず疑問となるのは、「備後国風土記に曰ふ」と引かれる「疫隈国社」の縁起譚には、直接には祇園社のことは出てこないところだ。あくまでも備後国の神社の縁起譚である。なぜそれが「祇園社」の起源を語る神話とされるのか。

その点について、西田長男氏は、祇園社をめぐる中世の歴史的な背景から説明している。中世の時代、備後国の疫隈国社は、京都の祇園社の分社として勧請されたもので、その繋がりから祇園社の縁起と結び付けたのだろうという〔西田、一九六六〕。実際、備後国には「三祇園」と呼ばれる神社があり、そのなかの

「小童《ひち》祇園社」は、あきらかに京都の祇園社の分社であったこと、また鎌倉時代後期の備後国には、祇園社の社領が少なからず存在したことからも、京都の祇園社と備後国の疫隈国社との繋がりを示すものと考えられるのである。

そうした時代背景から考えると、卜部兼文が、「疫隈国社」の縁起譚を祇園社の起源神話と認定することは、当然のことともいえよう。疫隈国社は、祇園社の分社として支配下にあるから、そちらの伝承は当然祇園社の縁起と同じである。中世の神社をめぐる社会的な制度を前提に、スサノヲが祇園社の神として祭られる神話を作り出していったわけだ。

ならば、卜部兼文によるスサノヲ＝祇園社祭神説は、当時一般的に流通している言説であったのだろうか。どうもそうではなさそうだ。祇園社、祇園御霊会の歴史を辿ってみると、じつは兼文説はかなり特異な発想であったことがわかるのだ。

あらためて、祇園社、祇園御霊会の歴史を検討してみよう。

祇園御霊会をめぐって

祇園社の創建

現在の「八坂神社」という社名は、明治初年の神仏分離令以降のものである。それ以前は、「祇園社」「祇園感神院《かんじいん》」、さらに古くは「祇園天神堂」とも呼ばれていた。創建は貞観十八年（八七六）説、あるいは元慶元年（八七七）説、承平四年（九三四）説など複数あり、定かではないが、平安時代前期以来の由緒ある神社であったことは間違いない。

その成り立ちの経緯については、久保田収氏によれば、当初は薬師堂を本堂とする観慶《かんぎょう》寺という寺院の一角に「天神堂」という社殿が祭られていたが、疾疫防除の神として信仰が集まるなかで、いつか全体が「祇園社」と呼ばれるようになったという〔久保田収、一九七四〕。ちなみに興福寺の修行僧が「祇園天神堂」を供養したという記事もある（『日本紀略』延長四年〈九二六〉）。なお『東大寺雑集録』では修行僧は「円如」といい、天神堂は春日社の「水屋」から移されたものという〔河原正彦、一九六二〕。当初は興福寺の支配下にあったようだ（後に比叡山延暦寺の「末寺」になる）。まさしく祇園社とは、神社と仏教寺院とが一体となった宗教施設であったのだ。

　さて、史料のうえに祇園社の名前が頻出してくるのは、平安時代中期以降である。たとえば十世紀前半、疫病が頻発したさなか「祇園社」に幣帛《へいはく》・走馬が奉られ（『貞信公記』『扶桑略記』延喜二十年〈九二〇〉閏六月二十三日）、また平将門・藤原純友の反乱を鎮撫したあとの「御報賽《ほうさい》」として東遊《あずまあそび》や走馬が奉られている（『本朝世紀』天慶五年〈九四二〉六月二十一日）。ただしこれは祇園社が単独で登場するのではなく、伊勢神宮や石清水社、賀茂社などと一緒である。つまり祇園社は、それら有名神社と肩をならべるほど、朝廷からの幣帛が奉られ、国家鎮護の「神社」として崇められていたのである。

　しかし祇園社が単独で、その尊崇を集めていくのは御霊信仰と結びついたことが何よりも大きい。すなわち「祇園御霊会《ごりょうえ》」の始まりである。

祇園御霊会の隆盛のなかで

　祇園祭は、かつては「祇園御霊会」と呼ばれていた。御霊会とは、疫病や災厄の原因を政治的な冤罪などで死んだ人の霊が祟り、あるいは異国から渡来した行疫神によるものとして、その御霊を供養し、行疫神を送却する儀礼・祭祀である。その作法としては読経とともに歌舞音曲《かぶおんぎょく》・騎射・走馬・演芸などが用いられた。

御霊会の始まりは貞観五年（八六三）五月に神泉苑で行われたものとされている（『三代実録』）。そのとき供養・鎮魂された御霊は政治的圧力によって非業の死を遂げた崇道《すどう》天皇（早良《さわら》親王）・伊予親王・藤原夫人・藤原広嗣・橘逸勢・文室宮田麻呂《ふんやのみやたまろ》である。特定の個人の霊を「神」として祭るという、平安京の都市社会に見合った祭礼といえよう。都市社会である平安京では、個人の死後の救済は「浄土教」に、現世の救済は「密教」と「陰陽道」に任せるという信仰形態が作られていった。それと「御霊信仰」の発生はリンクしているのである。

一方、行疫神の祭祀として、神祇官の卜部による道饗祭《みちあえのまつり》や宮城四隅疫神祭、畿内堺十処疫神祭などが行われ、同様の祭祀は陰陽師を担い手とするものも広まっていった。そこでは疫病の原因は遠い他界から来訪する「行疫神」として考えられ、それを饗応し、送却する祭儀が執行されたのである。

「祇園御霊会」は、御霊の供養・鎮撫という仏教的作法とともに、神祇官系、陰陽道系の疫神祭祀とが合流した形で行われたものと理解できよう。その始まりは、貞観十一年（八六九）六月、天下に疫病が流行ったので、「卜部日良麻呂《ひらまろ》」（この人物に注意）が六十六本の鉾を立てて、神泉苑に疫神を送ったことによるという（『祇園社本縁録』）。その他、天禄元年（九七〇）説、天延二年（九七四）説、天延三年（九七五）説などもあるが、十世紀後半には祇園御霊会が六月十四日の恒例の祭礼となって、市中においても賑わいを見せていたことはたしかであろう。

そのなかでも興味深いエピソードを紹介しておこう。たとえば、長保元年（九九九）六月十四日の祇園御霊会はいつも以上に賑わいをみせていた。とくに無骨という雑芸人法師が、天皇の即位儀礼である大嘗祭に用いられる「標山《しるしのやま》」（飾り物を山のように造ったもの）に模したものを祇園社の社頭に立てたことで、賑わいはピークに達した。これを知った左大臣藤原道長が検非違使に命じて、無骨を逮捕しようしたが、彼は逃走し、かえって祇園社の神が怒って、祝師僧が礼盤から転落するという事故が起きた。さらにその夜には内裏に火災があり、天皇が夜中に避難する騒ぎも起きた。神祇官、陰陽寮の占いでは祇園の神の祟り（その他大原野・春日・住吉も）と判定され、幣帛が奉られたという（『本朝世紀』）。

この事件からは、祇園社の神が、祟りをなして内裏に火災をもたらすような、恐ろしい神であったと同時に、その祭礼には多くの都の人びとが集まる見世物的な賑わいをみせていたことが知られよう。

また長和二年（一〇一三）六月の祇園御霊会では、神輿《しんよ》のあとに雑芸人の散楽《さんがく》の山車が出たが、やはり道長の命令でそれを中止させようとしたところ、混乱のなかで神輿がストップしてしまった。見物人たちが何か咎があろうと噂していると、夏の最中に氷雨が降り、雷電が轟くという怪異が起きたという（『本朝世紀』『小右記』）。なお、この時代の祇園御霊会は神輿の巡行に山鉾が伴っていたようだ。

そこで道長自身も、その年と、翌年にわたって祇園社に参詣している。なお天皇自身の参詣も、後三条天皇の延久四年（一〇七二）から始まったという〔久保田、一九七四〕。かくして祇園社は、祇園御霊会、疾疫防除の信仰拠点として、平安時代中〜後期にかけて、その名前が王城の地に広がっていったのである。

一方、祇園社は、平安時代中期には比叡山延暦寺の「天台別院」となり、後期になると「末寺」扱いとなる。天台座主《ざす》が「祇園別当」を兼ねることで、祇園社の勢力はさらに拡大していったようだ。

「山法師」の出撃拠点となる祇園社

こうしたなかで、祇園社は延暦寺の衆徒が朝廷にたいして強訴するときの「出撃拠点」となっていたようだ。たとえば久保田収氏によれば、承暦三年（一〇七九）六月、延暦寺衆徒は祇園別当任命に端を発した強訴で、武装して祇園感神院に集結し、社頭で読経した。このときは祇園社の「神人《じにん》」（下級の神職）たちは、デモンストレーションには参加していなかったようだが、しだいに衆徒とともに行動するようになった。

たとえば長治二年（一一〇五）正月、延暦寺の衆徒や日吉社の神人とともに、祇園社の神人も神輿を奉じて、院の御所に押しかけて、延暦寺の人事問題に関して訴えでている。また同じ年の祇園御霊会のときには検非違使の郎党と祇園神人たちが乱闘事件を起こすといったこともあった〔久保田、一九七四〕。なお、この頃、延暦寺の衆徒が「悪僧」「山法師」と呼ばれ、朝廷から追捕される事件が頻出している。

さらに平安末期、久安三年（一一四七）六月十五日の祇園御霊会の当日、平清盛が宿願を果そうとして祇園社に出向いたとき、祇園神人たちと対立して、乱闘に及び、双方に多数の死傷者が出た。このとき武士たちは、社頭に矢を射掛けるという狼藉を行なったので、後日、清盛は処罰されている（『本朝世紀』）。清盛と延暦寺の衆徒との対立は有名だが、じつは彼は祇園社の神人たちとも争闘に及んでいたというわけだ。

比叡山の「山法師」と共同戦線をはる祇園社の神人たちとは、神輿を奉じ、まさしく祇園社の神を祭る人びとでもあったことはいうまでもない。はたして、そのときの祇園社の「神」とは、スサノヲだったのか……。

牛頭天王からスサノヲへ

平清盛と祇園社神人とのあいだに争闘があった年の翌年、久安四年（一一四八）三月、三条河原の小屋から出火した火は町を焼き尽くし、祇園社にも及んだ。宝殿、三面の廻廊、舞殿、南門も類焼した。「御体」（ご神体）は無事に運びだすことができたので、一同安堵したとある。じつは七十年ほどまえ、延久二年当時延久二年（一〇七〇）十月にあった火災ではご神体も被災していたからだ。延久二年当時の記録によれば、そのご神体は「牛頭天皇（天王）」と呼ばれ、「神像」の足が焼損したという（『本朝世紀』所引「延久二年記事」）。また社殿内には「八王子」「蛇毒気神《じやどつけしん》」「大将軍」といった、異国ふうの神々の神像も安置されていたようだ。

ここからは、平安時代後期には、祇園社の祭神は「牛頭天皇」と呼ばれ、神殿には「神像」が安置されていたことがわかる。ただし、延久二年の火災に関する別の史料では、神像の名前は「天神」と呼ばれていた（『扶桑略記』）。祇園社の名称も「祇園天神堂」とする事例も多い。さらに鎌倉時代になっても、祭神名は「武塔天神」とされていた。今堀太逸氏は、天神信仰に関わる「祇園天神」が、祇園御霊会の展開のなかで「牛頭天王」と同一化されたと見ている〔今堀、一九九九〕。

これらのわずかな事例からは、平安時代後期～鎌倉時代にかけては、祇園社の祭神名は、いまだ流動的であったことが見えてこよう。また「神像」が造られていたことも興味深いところだ。しかし、その時代にはスサノヲの名前はまったく出てこない。歴史記録に垣間見える祇園社の神々は、「記紀神話」はもちろん、『延喜式』にも登録されていない、牛頭天王、祇園天神あるいは八王子、蛇毒気神、大将軍といった、まさしく「異神」[山本ひろ子、一九九八〕と呼ばれるような神々にほかならなかったからだ。

そうだとすると、スサノヲを祇園社祭神とする卜部兼文の説は、かなり突飛なものだったといわざるをえないだろう。史料にも出てくるように、祇園社には祇園天神、牛頭天王、あるいは八王子、蛇毒気神といった異国の神たちが鎮座していた。一方スサノヲは、『記』『紀』に登場する、由緒正しい「日本国」の神である。さらに中世の人びとにとってスサノヲは、「日本国の神の御祖《みおや》」とも認識される神でもあった。

では、どうしてスサノヲが異国の神々を祭る祇園社の祭神となるのだろうか。ここにこそ、卜部氏による「記紀神話」の読み替え、作り替え、すなわち「中世神話」としてのスサノヲ創造の秘密が隠されていた。さらに、卜部氏の「神話工房」の内奥へと迫ってみよう。

異国神となるスサノヲ

『釈日本紀』のなかで卜部兼文は、スサノヲ＝武塔神《むとうのかみ》となる疫隈国社《えのくまのくにつやしろ》の縁起を「これ則《すなは》ち祇園社の本縁なり」と注釈した。その一節こそ、スサノヲが祇園社の祭神、すなわち牛頭天王へと変貌するスタートであったのだ。

一条実経との問答から

続けて『釈日本紀』には、兼文のスサノヲ＝祇園社祭神説をめぐって、当時の太政大臣・一条実経《さねつね》（一二二三―八四）との問答を載せている。『釈日本紀』の元になったのは、卜部兼文と一条実経、家経ら学者貴族たちとの『日本書紀』勉強会であった。その勉強会での質疑・問答が、『釈日本紀』に多数収録されている。兼文と実経との問答も、その勉強会のときのものだろう。

さて、実経は、兼文のスサノヲ＝祇園社祭神説を初めて聞いたらしく、驚きと疑いをもったようだ。実経が兼文に発する質問とそれに答える兼文とのやり取りを見てみよう。その問答こそ、スサノヲが、祇園社の神へと変貌していく、神話創造の現場にほかならないからだ（以下、『釈日本紀』巻第七によって意訳する）。

問（太政大臣・一条実経）祇園社の三神とは、いかなる神か。

答（卜部兼文）この「国記」（『備後国風土記』）にあるように、武塔天神はスサノヲであり、少将井《しょうしょうい》は、本御前と号した。それはクシナダヒメのことだろう。武塔神が求婚した南海の神の娘は、今御前のことだろう。

実経の質問にあるように、当時、祇園社の祭神は「三神」であることが知られていた。そしてその三神は「武塔天神」「少将井（本御前）」「今御前」と呼ばれていた。兼文は、その三神を「国記」にもとづいて、スサノヲ、クシナダヒメ、南海の神の娘のことと説明しているのである。

なお、ここではいまだ祭神名に「牛頭天王」は出てこない。一方、クシナダヒメと結びつけられた「少将井」は、祇園社の信仰の古層にあるような水神・霊水の女神という。平安後期から鎌倉期にかけては、「少将井神輿」がもっとも賑やかなもので、その巡行路は宮中の南辺を通過したようだ。後に「少将井」が牛頭天王の妻、龍王の娘・波梨采女《はりさいめ》と習合するのは、水神・龍神信仰との繋がりが推定される〔河原正彦、一九六二〕。

異国の神か日本の神か

さて、兼文の説明を受けて、一条実経はさらに問う。「祇園は異国神と号しているが、そうではないのか」と。実経は、祇園社の祭神が「異国神」であると認識している。これは先に見た歴史記録のうえからもわかるように、当時の一般的な常識であったのだろう。

それゆえ彼は、兼文が祇園社の祭神をスサノヲとしたことに不審をもったのだ。なぜならスサノヲは『記』『紀』に語られるように、アマテラスの弟であり、異国の神ではないからだ。さらに鎌倉時代後期には、スサノヲを「日本国の神の祖」と見るような言説も流布していたのである。

祇園社の祭神は「異国神」ではないか――。この問いに兼文はこう答えている。

スサノヲがはじめ新羅国に渉り、日本に帰ってくるという経緯は「当記」(『日本書紀』)に見える。これによってスサノヲは異国神という説があった。祇園社の祭神は、行疫神となり、武塔天神の名前は世に知られるところである。それゆえ、「吾はスサノヲである」と、その本当の名前を明かしたのである。「素戔烏尊」又の名を「速素戔烏尊、神素戔烏尊」とすることも『日本書紀』に見える。

スサノヲは異国神なのか、という実経の質問にたいして、兼文は『日本書紀』を根拠にして、スサノヲが新羅に渡り、日本に帰ってきたことを述べている。スサノヲが、じつは異国の神でもあったという「事実」を、ほかならぬ『日本書紀』を典拠に証明していくのである。そして祇園社の祭神が「行疫神」であり、「武塔天神」と呼ばれることは一般に知られているが、さらにその本当の名前がスサノヲであることを明かしたというわけだ。

あらためて兼文たちの時代では、祇園社の祭神は、「武塔天神」という「天神」のネーミングが一般的であった。そしてそれは『記』『紀』に載る神ではなく、異国からの渡来神であり、行疫神とされてきた。その意味では、『記』『紀』に登場するスサノヲを祇園社の神とする兼文の説は、当時の知識人たちからは突飛な発想だったようだ。だから、一条実経は強く疑義をもったのであろう。

それにたいする兼文の説明は、『日本書紀』を根拠にする。『日本書紀』のなかにスサノヲが新羅に渡ったという神話が出てくることをベース、そこからスサノヲを異国神へと読み替えていくのだ。まさに「中世日本紀」の手法である。

新羅に渡ったスサノヲ

では、『日本書紀』に載る、新羅へ渡ったスサノヲとはどんな神話だろうか。それは天上から追放されたスサノヲの流離譚の異説のひとつであった。

是《こ》の時に素戔烏尊、其の子五十猛神《いたけるのかみ》を帥《ひき》ゐ、新羅国に降り到り、曾尸茂梨《そしもり》の処に居す。乃《すなは》ち興言《ことあげ》して曰はく、「此の地は吾居らまく欲《ほり》せず」とのたまひ、遂に埴土《はに》を以ちて舟を作り、乗りて東に渡り、出雲国の簸《ひ》の川上に在る鳥上峰《とりかみ》に到ります。
〔この時にスサノヲは、その御子のイタケルノカミを率いて、新羅国に天降り、曾尸茂梨というところにいた。そして言挙げして「この地はわたしが居たいところとは思わない」とおっしゃって、ついに赤土で舟を作って、それに乗って東に渡り、出雲国の斐伊《ひい》川の上流にある鳥上峰に到着なさった。〕

（『日本書紀』神代上・第八段・一書〔第四〕）

この「一書」の神話によれば、スサノヲは出雲に降るまえに、新羅国に渡り「曾尸茂梨」という場所に居住していた。問題は「曾尸茂梨」の地名。『釈日本紀』のなかでも「師説、遠蕃之地。いまだその委細を詳らかにせず」と述べ、また平安時代の日本紀講（元慶・年の講義）のときの説として、某貴族の「もしくは今の蘇之保留か」という見解を載せている。ただし、兼文はその説を「甚だ驚くべし」と取り上げていない。

現在の研究・注釈では、この「蘇之保留」説から、「ソシモリ・ソシホルは新羅の国号を表した徐耶伐・徐羅伐・徐伐や、現在の京城ソウル（ソフル）に通じる」と、古代朝鮮との繋がりが指摘されている〔小嶋憲之他、一九九四〕。なお、明治期の研究では、「曾尸茂梨」について「韓語牛頭の義、彼の地の名山なり、我が後世の俗に素戔烏尊を祀りて、牛頭天王と称するのは是に因る」（吉田東伍）といった具合に、スサノヲ＝牛頭天王説の論拠とする説もあったが、現在ではまったく否定されている説である〔川村湊、二〇〇七〕。いずれにせよ、この『日本書紀』一書〔第四〕の異説は、多くの神話学者、歴史学者、民族学者たちに「素戔烏尊」と朝鮮半島との繋がりを考える、重要な元ネタとなったことはたしかである。そしてそれは、中世の卜部氏にとっても同じであった。この異説をベースに、スサノヲを異国神へと読み替えることで、祇園社の祭神へと変貌させていったのだ。

「粟御飯」と「龍穴」をめぐって

祇園社の縁起譚を創造することにおいて、もうひとつ重要な鍵となったのが、当時行われていた祇園御霊会との関係である。神話は、いま行なわれている祭祀・行事の起源を語ることによって、その真実性が高められていくからだ。

兼文は、スサノヲ＝武塔神を語る「備後国風土記に曰ふ」の伝承が、祇園御霊会や祇園社の来歴の起源となることを解き明かしていく。実経との問答の続きである。

御霊会のとき、四条京極に「粟御飯」を供え奉るという伝承があるのも、この蘇民将来の由来によるものである。また祇園社の神殿の下に、龍宮に通ずる穴があると、古来より伝えられてきたのも、北海の神が南海の神の娘に通っていたという話と符合するだろう。

当時、祇園御霊会で神輿が巡行するとき、四条京極において「粟御飯」が供えられた。

これは神輿が鎮座する「御旅所」での行事を表していよう。鎌倉時代において、一般にも知られていることだったのだろう。兼文は、その行事の由来を「蘇民将来之因縁」と説明していく。すなわち、『備後国風土記』のなかで、蘇民将来が武塔神＝スサノヲに「粟飯を以ちて饗へ奉りき」と歓待した場面こそが、御霊会における四条京極の行事の由来である、というわけだ。神話は、いま行なわれている行事の起源を語ることで、その真実性が確認されていくのである。

もちろん、現代のわれわれの目から見れば、「こじつけ」以外のなにものでもないだろう。だが、現行の祭祀行事の意味の由来を説明できるということで、武塔神＝スサノヲ伝承は「祇園社の本縁」たることの信憑性が増していったわけだ。それこそ、まさしく神話創造の「奥義」といえよう。

さらに祇園社の社殿の下に龍宮に通じる穴があったという。これも当時よく知られていた伝承だったようだ。たとえば、こんな話も伝わっている。

祇園の宝殿の中には、龍穴ありとなん云。延久〈延久二年〈一〇七〇〉〉の焼亡の時、梨本の座主〈天台座主の明快〈実際は勝範〉〉そのふかさをはからんとせられければ、五十丈におよびて、なをそこなし、とぞ。保安四年〈一一二三〉、山法師追捕せられけるに、おほく宝殿の中ににげ入りたりける、その中にみぞあり。それに落入たりつる、とぞいひける。

（『続古事談』巻第四）

なにやら「都市伝説」めいた話であろう。また祇園社神殿下の龍穴は、神泉苑とも繋がっているという伝承もあったようだ。神泉苑が龍宮に通じているというわけだ。祇園御霊会が始まったとされる貞観十一年（八六九）六月では、疫神を集めた六十六本の鉾は神泉苑に送り出されたというのだから、なんとも意味深《いみしん》であろう。ちなみに現在では、その「龍穴」＝井戸は蓋がされているという。

卜部兼文は、こうした龍穴伝承をもスサノヲ神話と結びつけた。その穴は、まさしくスサノヲ＝武塔神が南海の神の娘のもとに通っていたときの「穴」である、と。それは当時一般に広がっていた祇園社龍穴伝承のひとつとなるが、『日本書紀』の注釈現場から発信されることで、たんなる「口碑」を超えた「神話」へと成長していくことになる。祇園社の神スサノヲと結婚した「南海の神の娘」は、龍宮世界の娘というあらたな神話へと展開していくことになるからだ。

かくして、一条実経と卜部兼文との問答とは、スサノヲが祇園社の神へと変貌していく、神話創造の現場にほかならなかった。われわれはその創造の「奥義」も垣間見ることができたのである。

では、卜部兼文によって創成されたスサノヲ＝祇園社祭神説は、その後どのように展開し、一般社会のうちに広がっていったのだろうか。

中世神道の大成者、吉田兼倶

吉田兼倶、登場

ここで室町時代後期に活躍した、ひとりの「奇才」に登場ねがおう。その名は吉田兼倶《かねとも》（一四三五―一五一一）。

『日本書紀』注釈学を「家学」として継承した卜部氏のなかで、京都の吉田社（現在、京都市左京区神楽岡の吉田神社）の神主を歴任する一族は、「卜部吉田家」を名乗った。兼倶はそのひとりである。彼の名前が後世に残ったのは、両部神道（密教系神道）、伊勢神道や禅宗、道教、陰陽道、宋学など当時の最先端の知識を総動員した、「中世神道」の集大成ともされる神道教説を作り出したからだ。それを「元本宗源唯一神道《げんぽんそうげんゆいいつしんとう》」、あるいは「吉田神道」と呼ぶ。その思想的な影響は、近世にまで及ぶことになる。徳川幕藩体制のもとで、吉田家は全国の神社組織を支配する位置にも立つのである。

そして何よりも、彼こそ、スサノヲ＝祇園社祭神説を「完成」させていったキーパーソンにほかならなかった。兼倶によって、スサノヲはものの見事に異国神・牛頭天王と合一としていくのである。

だが、兼倶のスサノヲ神話創造の世界を見ていくまえに、彼の生涯で興味深いエピソードを紹介しておこう。あまりにもそれが面白いからだが、彼の生きた時代というものも知っておくのも大切だ。

ところで、吉田兼倶という人物の「評判」は、あまりよくない。山師、詐欺師、あるいは新興宗教の教祖といった見方もなされてきた。たとえば、十年に及んだ応仁・文明の戦乱が終息にむかった、文明九年（一四七七）十月、兼倶は後土御門天皇の仮御所で「安鎮《あんちん》祭」を執行した。その見事な祭りに天皇は感激して、兼倶のパトロン的な存在になったという。さらにその安鎮祭執行から二十日後に、「西軍」が解散し、応仁・文明の乱がひとまず終結したことから、兼倶は、自分の執行した祭祀によって戦乱を終わらせたと声高に主張したのである。

こうしたことから、兼倶を「胡散臭《うさんくさ》い」人物と見なす人びとも少なくなかったが、たまたま兼倶邸に立ち寄った某貴族が、兼倶の弁舌と豊富な学識に魅了されて心酔者となったというエピソードもある。彼の講義には、例え話や冗談がたくみに織り込まれていて、笑

図12　吉田神社内の太元宮

いが絶えなかったという〔桜井英治、二〇〇二〕。

延徳密奏事件

さらに兼倶の「悪名」を高めたのは、「延徳密奏事件」と呼ばれるものだ。

延徳元年（一四八九）三月の深夜、伊勢の方角から光り輝くものが飛来し、兼倶が神主を務める吉田社内にある斎場所（太《だい》元宮《げんぐう》）という神殿の庭に降り立った。それを後土御門天皇に密奏し、検分してもらった結果、なんと伊勢神宮の内宮《ないくう》・外宮《げくう》の「ご神体」であることが判明した（『宣胤卿《のぶたねきょう》記《き》』）。

そこでさっそく兼倶は、伊勢神宮の神々が京都の地に遷ってきたことを喧伝してまわった。まさにアマテラスが光物となって京都に飛来したわけだ。海辺近くの伊勢神宮の神が遷ってきたので、京都の賀茂川の水が塩辛くなったとか、いや兼倶の家来が上流で塩を撒かせたとかいった噂も広まった。

この「延徳密奏事件」は、兼倶が後土御門天皇を抱きこんで仕組んだでっち上げ、ということになるのだが、当時の伊勢神宮側にも、アマテラスの遷座もやむをえないと思わせる実情があった。

じつはこの当時の伊勢神宮では、内宮、外宮の下級神職である「御師《おんし》」たちが、武装して、合戦を繰り広げるという事件が頻発していたからだ。彼らは、伊勢神宮の「檀家」を集めるための利害対立の関係にあったのである。それはたんなる喧嘩沙汰で終わらず、たとえば文明十八年（一四八六）十二月、外宮と内宮の御師たちが檀家の領分をめぐって争い、外宮のある山田の町が争乱状態になった。国司の北畠氏も介入することで、闘争は激化し町は焼き払われ、逃げ場を失った山田側（外宮）の御師たちは、なんと外宮の本殿の床下に逃げ込み、本殿に放火し、さらに瑞垣《みずがき》のうちで自刃するといった未曾有の事件が起きている（『内宮子良館記《ないくうこらかんのき》』）。

また「延徳密奏事件」があった年にも、山田側（外宮）の御師たちが三年前の報復として、宇治の町に火をつけ、それが内宮にまで及び、ご神体の安否が危ぶまれたという事件が起きていたのである。伊勢神宮からもその事件の経緯、ご神体の安否についての説明がなく、また調査に入ろうとした神祇官の官人たちを拒否したりとするという有様であった。ちなみにそのときの神祇官の官人のひとりが兼倶であったのだ。

それにしても、室町時代にあっては、もはや伊勢神宮は神聖な神域とはいえなくなっていたようだ。それゆえ、アマテラスが他所《よそ》の地に飛び出したという「飛び神明」と呼ばれる「現象」が頻繁に起きていたのである。兼倶の「延徳密奏事件」も、そうした社会的状況のうちに発生したものだ〔高橋美由紀、一九七五〕。しかし、この事件を受けて、吉田兼倶は伊勢側からは「神敵」と呼ばれることになったのである。その悪名は江戸時代に到っても続いていたようだ（出口延佳《でぐちのぶよし》『吉田兼倶謀計記』）。

兼倶の『日本書紀』講義

このように「悪名」の高い兼倶ではあるが、彼は平安時代中期に途絶えた「日本紀講」、つまり宮廷の人びとにたいする『日本書紀』の講義を復活させた人物でもある。さらに兼倶は朝廷内部だけではなく室町将軍・足利義尚《よしひさ》、さらに臨済宗相国寺の僧侶や比叡山南谷栄光房の僧侶たちにむけても『日本書紀』の講義を行なっている。それも自ら比叡山に乗り込んでいって、僧侶たちを相手どって『日本書紀』を講じているのだ。「古今にいまだ聞かざること」と、歴史上、初めてのことだったらしい〔久保田収、一九五九〕。

また兼倶は講義をするなかで、とくに熱心な聴講者がいると、「吉田家の秘伝」を授けるという形で、自らの弟子にしたという。そのことによって、吉田家の神道説の権威を高め、「吉田神道」という流派を形成していったのである〔原克昭、二〇〇八〕。

こうした兼倶による『日本書紀』講義内容は、聴講者たちによる聞書きという形で残されている。それによって兼倶が、鎌倉時代、南北朝時代に盛行した両部神道、伊勢神道といった「中世神道」のエッセンスを吸収しつつ、さらに宋学という新しい儒学の流れやそれとリンクする賀茂家の陰陽道の説なども取り込んで、『日本書紀』の神話を独自に解釈し、まさしく中世神話（中世神道）の総決算というべき世界を作り出したことが見てとれるのである。

アマテラス＝太陽説と宋代天文学

その一端を紹介しよう。『日本書紀』原典では、天地開闢のあとに最初の神・クニノトコタチが生まれてくるのだが、兼倶は「吾国ノ神ハ、天地ニ先ンスル神也」と明言し、『日本書紀』の始元神クニノトコタチを「天地ニ先テ而《しか》モ天地ヲ定メ、陰陽ニ超テ而モ陰陽ナス」（『神道大意』）という独特なレトリックを駆使して解釈する。その天地創成神を「虚無大元尊神《こむだいげんそんじん》」とも呼んでいくのである（『神書聞塵』）。兼倶は、天地を作り出す創造神・主宰神を、『日本書紀』の注釈を通して案出していったのである〔斎藤英喜、二〇一〇・b〕。

さらに兼倶は日神アマテラスを、天上に光り輝く太陽そのものと同体化させる言説を作り出している。『日本書紀』の正文中に、「日神」の名前が「大日孁貴《おほひるめのむち》」とともに「天照太神」「天照大日孁貴尊」と三つ記されているのだが、兼倶は、これを季節による太陽の動きとあわせ、「大日孁貴」を日が短くなる冬至の太陽、「天照大日孁貴尊」を日が長くなる夏至の太陽、そして「天照太神」を春分・秋分の太陽のことをあらわすと説明していくのである（『神書聞塵』）。

また岩戸神話のなかでアマテラスが籠る場面をめぐって、「日神ノ光ハ、ウルハシイソ。三百六十五度四分度一ナント、云モ、日神ノ徳ソ」（『神書聞塵』）といった、奇妙な言説を展開している。じつは、この「三百六十五度四分度一ナント、云」は、当時の最新の宋代天文学の知識によるもので、太陽が一昼夜に地の周りを「三百六十五度四分度之一」周る天の運行よりも、「一度」遅れるという法則をふまえているものである。また宋代天文学の「左旋説」、すなわち天は東より西に巡る＝左旋し、太陽・月・五惑星も同じく左に回転するという説から、日神が籠った岩戸に引く注連縄は左回転に結うという注釈もしていくのである〔斎藤英喜、二〇一一・a〕。

現代から見れば、まさしく牽強付会、荒唐無稽の見本のような解釈であるが、しかしそこには、当時最新の宋代天文学の知識によって神話を解釈していくという、神話学の方法が駆使されているのを見過ごしてはならない。ちなみに、兼倶はこうした最新の宋代天文学の知識を、宮廷暦道・賀茂在方《あきかた》『暦林問答集《れきりん》』から得ていた〔小川豊生、二〇〇八〕。卜部吉田家と陰陽道の賀茂家とのあいだに深い交流があったようで、賀茂氏の陰陽師のなかには兼倶の弟子になる人物もいたという。

「皆素戔烏尊ソ」

いよいよ、スサノヲ＝祇園社説をめぐる兼倶の見解を見てみよう。

先ほどから引用している『神書聞塵』という本は、相国寺の禅僧・景《けい》徐周麟《じょしゅうりん》（別号・宜竹）が、兼倶の『日本書紀』講義を聴講したときの聞書きノートである。したがって、それは書き言葉ではなく、まさに兼倶の講義の口調がそのまま伝えられている。

その講義のなかでスサノヲについて、こう語っている。彼の名調子を聞こう。

今ニ備後ニ疫具《やくく》ノ神トテアルソ。此時ニ我ハ北海無道天神トナノラレタソ。無道天神モ、牛頭天王モ外国ノ名ソ。其後ニアマリ疫病ノハヤルニ、外国ノツケタ名ヲトリテ、祇園ノ感神院テマツルソ。（『神書聞塵』）

冒頭部分は、彼の先祖である卜部兼文・兼方が『釈日本紀』に引用した武塔神がスサノヲと名乗った話を受けている。だが、兼倶はそれを祇園社の神である武塔天神、さらに牛頭天王のことに読み替えてしまう。そして日本に疫病が流行ったために、外国のほうでつけた名前を使って、スサノヲが祇園感神院で祭られたのである。だから、祇園社で祭られている武塔天神、牛頭天王はスサノヲのことだというわけだ。

これこそまさに「強弁」ということだろう。しかし重要なのは、兼倶が祇園社で祭られる「外国」の神を、あえてスサノヲのことだと解釈していく、その立ち位置である。

さらに兼倶は次のようにも語っている。

其盤古《そのばんこ》ハ、素戔尊ノ事ソ。唐ニハ、牛頭天皇トモ、無塔ノ天神ト申《（モ）》ソ。素戔烏尊《すさのをのみこと》ヲハ、コナタニハ祭ラザルソ。サルホトニ、唐ノ名ヲツケテ、祇園ニツケテマツルソ。唐ヲモコチヨリ開ソ。天竺ニハ、金比羅《こんぴら》神トモ、――（マタラ）神トモマツルソ。皆素戔烏尊ソ。（『神書聞塵』）

スサノヲは祇園社の牛頭天王、武塔天神のみならず、さらに複数の神々とも結び付けられていく。「盤古」とは、古代中国における天地創造神。『三五暦記』や『五運歴年紀』には、天地が渾沌としているときに生まれ、その死後、全身から風と雲、太陽、月、大地が生じた……という創成神話が載っている〔袁珂、一九九九〕。『日本書紀』の天地開闢神話にも利用されたものだ。また「金比羅神」は、インドのガンジス川に棲む霊魚で、後に薬師十二神将、般若守護の十六善神のひとつとされる。日本に伝来して航海の神、金比羅さ

図13　「赤山明神」

んとして信仰される一方、地主神ともなっている。また「マタラ神」（摩多羅神）とは、天台系寺院の常行三昧堂に祭られる念仏の守護神だが、インド出身のマハーカーラー（大黒天）と同体化する。兼倶は、こうした中国の盤古、インドの金比羅神、摩多羅神もすべてスサノヲのことであると説明していく。だから「唐」も、もともとは日本のほうから開かれたというわけだ。

さらに別の講義を見てみると――

慈覚大師渡唐し、法を求むるために清龍鎮守に禱《いの》る、帰朝の後、西坂の赤山《せきざん》権現を建つるところなり。赤山即素戔烏也、智證大師入唐して帰朝の日、新羅《しんら》国に至り、神船中にあり、これに問ふ、清龍寺鎮守也、すなはち素戔烏尊也、三井之社、新羅《しんら》明神と号す也。

（吉田兼倶『日本書紀神代巻抄第一』）

「赤山（明神）」は比叡山延暦寺に祭られる伽藍守護神、「新羅明神」は園城寺（三井寺）の伽藍守護神である。どちらも渡海した慈覚大師（円仁）や智證大師（円珍）とともに、唐土、あるいは新羅から日本に来臨した神、ということになっている。そして兼倶は、これら異国から渡来した仏法守護神も、じつはスサノヲであったと説いていくのである。

兼倶はあらゆる異国神、渡来神は「皆素戔烏尊ソ」と、何でもかんでもスサノヲにしてしまうわけだ。これこそ牽強付会といわずになんといおう、といったトンデモ説に見えるだろう。ちなみに異国の神も、すべては日本の神の別名であったという言説は、じつは江戸末期の国学者・平田篤胤（一七七六―一八四三）の神話学とそっくりなのだが、まずは室町時代後期の兼倶のロジックを見定めてみよう。

スサノヲを祇園社の牛頭天王のみならず、あらゆる異国神と結びつけていく、兼倶の論理とはなにか。

神主仏従と根葉花実説

中世に広まった神仏信仰の基本は「本地垂迹説」、つまり神々はこの世に顕れた（垂迹）仮の姿で、その本当の存在（本地）は仏・菩薩とする説である。迷える衆生を救うために、仏・菩薩たちが神の姿になって人びとの前に顕現したという信仰である。

兼倶はこの説を逆転させた。「神主仏従説」とも、「反本地垂迹説」とも呼ぶ。日本の神（クニノトコタチ）は天地に先立って存在し、天地の創成を掌る存在だ。神こそがすべての根本にある。一方、天地開闢から「億劫万歳」の後に釈尊が誕生し、それが日本に伝来したのは遥か末代のこと。だから仏教は、末代の衆生のために現れたものにすぎず、天地・世界の創造の源を掌る「神」が根本になる、というロジックである。

そこからさらに展開していくのが、有名な「根葉花実説《こんようかじつせつ》」である。兼倶の主著というべき『唯一神道名法要集《ゆいいつしんとうみょうぼうようしゅう》』に展開された説だ。すなわち日本の神道が「根本」で、儒教・仏教はそこから派生した「枝葉」や「花実」である。それゆえ、根本たる「神」は、仏教、儒教を生んだすべての国々にとっても「根本」の存在となる。

兼倶はこれを聖徳太子が唱えたと語るのだが、もちろん仮託。さらに「根葉花実説」は、兼倶のオリジナルというよりも、もともとの発想は卜部氏出身の天台僧である慈遍（一二五五頁、参照）の著作にも見えるものであった〔久保田収、一九五九〕。

ここで重要なのは、日本の神が、中国やインドでは別の名前となって姿を顕すという論理を導いたことにある。それはこの時代に広がっていく、天竺・震旦《しったん》・日本の三国的な世界観ともリンクしていくのである。兼倶はそうした中世的グローバリズムのなかで、日本の神であるスサノヲを天竺・震旦にも共通する神へと位置づけていくわけだ。本朝（日本）と異国（唐・天竺）という差異はここで消し去られてしまうのである。

比較神話学の中世版

さて、なかなか難しい議論となったが、兼倶がスサノヲを祇園社の「牛頭天王」のみならず、中国の「盤古」やインドの「金比羅神」とも同体化させていく注釈の背景が見えてきただろう。スサノヲが、異国の神々と結びついていくのは、スサノヲが中世のグローバリズムを体現する神になるからだ。日本にすべての起源があり、根本となっている。したがって、中国やインドの神々も、畢竟《ひっきょう》、日本のスサノヲが別の名前をもって呼ばれていたにすぎない……。

現代の視点からみれば、まさに「自国中心主義」以外の何者でもないだろう。そして兼倶の発想は、さらに過激な形で、江戸時代末期の平田篤胤にも「継承」されていくのである。篤胤は江戸時代の「文献実証主義」のスタイルをもった『印度蔵志』（インド学）、『赤県太古伝《もろこし》』（中国学）などで、たとえばインドの「阿修羅王」はスサノヲとオホクニヌシの神話が混合されたもの、中国神話の「盤古王」はムスヒ神、易を製作した伏羲《ふっき》氏はオホクニヌシ……といった言説を展開していくのである。

さらにいえば、こうした発想は、明治三十年代に日本に受容されていく、西洋神話学（比較神話学）との近似性も見出すことができる。明治三十二年（一八九九）に相次いで発表された高山林太郎（樗牛《ちょぎゅう》）、姉崎正治《まさはる》、高木敏雄による比較神話学の論争は、スサノヲがインド神話のインドラ神と同じく「暴風神・自然神」か「人文神」か、あるいは日本神話の系譜は南太平洋にあるのか…という議論が繰り広げられていたのである。「日本神話」の神であるスサノヲをインドや南太平洋の島々の神話との繋がりに求めるわけだ。その議論は、近代的な学問のスタイルをとりながら、しかし発想の根底には中世後期の吉田兼倶や近世末期の平田篤胤との共通性が見えてこよう。

ちなみに「素戔烏尊の神話伝説」（『帝国文学』第五巻第八・九・十一・十二号）という論文のなかで姉崎正治は、日本における「神話学」の始発は、日本神話をインド諸神に配する中世の「両部神道」（本地垂迹説）のなかに見出されるとも述べている。このあたり、さらに興味深い問題へと発展しそうだが、ここでは中世後期の兼倶による「スサノヲ神話」がもつ、思想的な広がりと深さを確認しておくことで、ふたたび祇園社の祭神をめぐる議論に戻るとにしよう。

『祇園牛頭天王縁起』

では、兼倶のスサノヲ＝祇園社祭神説は、当時の祇園社のなかにも受け入れられていたのだろうか。これがなかなか微妙なところだ。兼倶がスサノヲ＝牛頭天王説を打ち出した室町時代後期には、おもに祇園社の社僧を中心とした勢力による祇園社の縁起譚が作られていた。『祇園牛頭天王縁起』と呼ばれるものだ。古い姿を伝える仮名本縁起の伝本には「文明十四年（一四八二）正月二十五日」の奥書も認められる。兼倶と同時代だ。その内容は、あきらかに『備後国風土記』の疫隈国社の縁起譚をベースにした神話である。次のような物語になっている。

豊饒国《ぶにゆうこく》の武答天王の皇子は、生まれたときから、赤色の角が生えた牛の頭をもっていた。王はその子を「牛頭天王」と名付けた。恐ろしい異形《いぎよう》ゆえ、なかなか妻になる女性がいなかったが、八海龍王のひとり、娑竭羅龍王《しやからりゆうおう》の娘・波梨采女《はりさいめ》が妻になるという情報を得た。そこで天王は数万騎の家来とともに波梨采女の住む龍宮へとむ

図14　現在の祇園祭における「牛頭天王」の掛け軸（綾笠鉾会所）

かうが、旅の途中、巨旦長者《こたん》という長者に宿を借りようとした。だが、巨旦長者は宿を貸そうとしなかったので、牛頭天王はたいそう立腹した。次に貧者であるが慈悲心のある蘇民将来《そみんしょうらい》に宿を請うと、こころよく泊めてくれた。

龍宮に着いた天王は波梨采女と結婚し、八人の王子を作った。やがて妻と八人の王子を連れて本国に帰国したが、その途中、宿を貸してくれた蘇民将来にはお礼をし、一方、宿を拒んだ巨旦長者は、一族ことごとく皆殺しにするように家来に命じた。巨旦長者は多数の僧侶たちに『大般若経』を読誦させて攻撃を防いだが、ひとりの僧侶が経典の一字を読み落としたので、牛頭天王の家来はその隙間から侵入し、一族を皆殺しにした。ただ、巨旦長者の家に嫁いでいた蘇民将来の娘だけは命を救った。そのとき娘の腰の帯に付けていたのが「茅の輪」と「蘇民将来之子孫」という札である。それを付けているものは、疫病から身を守ることができるのだ。

（『祇園牛頭天王縁起』）

一般にも知られることになった、牛頭天王の物語である。「武塔天神」は牛頭天王の父とされ、また牛頭天王が求婚する女性は、龍宮の女神、波梨采女となる。そして復讐する相手は、「巨旦長者」というネーミングが与えられ、祇園御霊会が民間社会に広がっていく要《かなめ》ともなる「蘇民将来之子孫也」のお札の起源が語られていくのである。さらに縁起の末尾には、こんな「脅し文句」もつく。

六月一日より十五日にいたるまで毎日七へん、南無天薬神・南無牛頭天王、厄病消除、災難擁護と唱え奉らば、息災・安穏、寿命長遠ならん。もし不信のやからあらば、たちまちに天王の御罰を蒙って、厄病現来せんこと、うたがひなし。

（『祇園牛頭天王縁起』）

祇園社の牛頭天王を信仰しないものは、たちどころにその「天王の御罰」を蒙り、疫病に犯される……。そこには神への信仰を強制するかのような、強い姿勢も見てとれるのである。まさに乱世の時代に登場してきた牛頭天王にふさわしいものといえよう。

かくして祇園社側においても、自社の祭神についての明確な神話を打ち出すことになったのだが、彼らが作った縁起譚では、牛頭天王が「吾は速須佐雄の神そ」と発することはついになかったのである。彼らの牛頭天王はスサノヲではなかったのだ。

ここからは、室町時代において、「日本紀の家」の伝統を受けつぐ吉田兼倶の神話学とは別の形で展開していく、「牛頭天王」が存在していたことが見えてこよう。

神家・仏家・暦家の祇園社祭神説

それを証明するような言説が、室町時代に祇園社が作成した『祇園社略記』に見ることができる。そこには祇園社の祭神について、こう記されている。

神家には祇園を素盞烏尊と称す。仏家には是を牛頭天王となし、暦家には天道神《てんどうしん》と配す。（『祇園社略記』）

祇園社の祭神には、三種類の呼び名があった。すなわち「神家」＝吉田家では「素盞烏尊」と呼んだこと、一方、「牛頭天王」という呼び名は「仏家」の側のものであることが明示されている。それは祇園感神院における社僧たちの言説に発するものである。

さらにもうひとつ、「暦家」による「天道神」という呼称もあった。暦家とは、もともとは陰陽寮において造暦、暦注書などを作成・管理する部署を「家業」として独占した賀茂家のことをさす（山下克明、一九九六）。実際、暦家である賀茂家が作成した暦注書『陰陽雑書』には、陰陽道の吉方の方角として「天道」が出てくる。暦家の説によれば、祇園社の祭神は、それを丁寧に祭れば、陰陽道の吉方の神ともなるというわけだ。

ところが、『祇園社略記』が引く暦家の説は、宮廷陰陽道の賀茂家とは単純にはいえない。祇園社の祭神を「天道神」と呼ぶのは、安倍晴明に仮託された陰陽道書『簠簋内伝《ほきないでん》』にもとづくものであった。じつは『祇園社略記』には「簠簋内伝に曰く…」という形で、その説がふんだんに引かれているのである。

『簠簋内伝』とはなにか。近年の安倍晴明ブームなどで一躍有名になった、陰陽道書である。晴明が書いたものとされているが、もちろん後世の仮託。実際には南北朝から室町時代にかけて祇園社に関係のある安倍家の庶流の人が書いたとも、民間系の法師陰陽師の系統の人が作ったともいうが、はっきりとしたことは不明である〔村山修一、一九八二〕。たしかに、そこに展開される暦注の内容は、宮廷陰陽道の世界とは隔たりがあることは間違いない。

だが、その一方で、室町期の祇園社においては、『簠簋内伝』の説を「暦家」と呼んでいたことも見逃せないところだ。議論は陰陽道の歴史という、かなり複雑な問題に波及することになるが、『簠簋内伝』の編纂には、大和・奈良の民間社会へと広がった「暦家」の賀茂家支流の陰陽師たちが関わっていたのではないだろうか〔斎藤英喜、二〇〇七〕。事実、奈良には、「水谷社」という牛頭天王信仰の拠点もあった。

さて、話題は際限なく膨らんでいくので、ここで問題を絞っておくと、室町時代には、祇園社の祭神名が、神家・仏家・暦家というそれぞれの立場から複数伝えられていたという事実である。兼倶が提示した祇園社祭神＝スサノヲ説は、ここでは「神家」のひとつの説として相対化されてしまうわけだ。

けれども兼倶はスサノヲ説を「神家」に限定させてはいなかったようだ。たとえば「長享二年（一四八八）十一月吉日」の奥書がある『祇園牛頭天王縁起』の伝本には、「抑《そもそも》、牛頭天王と号し奉るは、忝《かたじけな》くも、天照大神の御弟、素戔烏尊也」という一節が末尾に付されている。あえてアマテラスの「御弟」と強調するのは、まさしく祇園社の牛頭天王が、日本の神の別名であることを示唆する手法といえよう。

かくして近世に入り、吉田家が全国の神社組織を支配していく時代では、祇園社の祭神は、疑いもなくスサノヲ＝牛頭天王とされていったのである。

ところで、いま紹介した長享二年の『祇園牛頭天王縁起』には、牛頭天王＝スサノヲと述べたあとに、「昔は無数の悪神を聚《あつ》めて、我が眷属となして……」という一節が見える。スサノヲの「悪神」としての

「昔は無数の悪神を聚めて…」

「過去」がばらされてしまうといった格好だ。

実際、スサノヲと同体化する牛頭天王も、異国渡来の行疫神であった。また兼倶が「皆素戔烏尊ソ」と、結びつけていく異国神たち、すなわち新羅明神《しんらみようじん》、赤山権現《せきざんごんげん》、金比羅神《こんぴらしん》、摩多羅神《またらじん》たちも、伽藍《がらん》守護神、念仏の守護神であるが、同時に衆生を煩悩にまみれた苦の世界へと引き込むような、障礙神《しようげしん》ともされていく。ようするに異国渡来の悪神たちでもあったのだ。

そして牛頭天王がそうであるように、異国渡来の悪神たちは、その悪なる力を発揮することで、逆に人びとを救済してくれる神ともなっていく。それこそ近代的な合理主義は一切通用しない、中世固有の宗教実践といってもよい。中世のスサノヲは、そうした異国神

との合一を果たしていくのであった。

善と悪とを一身にまとう神、スサノヲ。最後の「スサノヲの神話学」では、そうしたスサノヲに迫っていくことにしよう。

スサノヲの神話学

「善悪不二」をめぐる神話言説

荒ぶる悪神にして、英雄神。「日本国の神の祖」とも呼ばれながら、さまざまな「異国の神」と合体していく神。あるいは死の国・冥府を支配する神……。中世を舞台に、様々に変貌を遂げていくスサノヲとは、ではいったい、どういう神なのだろうか。そもそも悪神なのか、始祖神なのか――。

矛盾・対立するものを一身にまとうスサノヲ。こうした神をどう捉えていくか、中世の神話学者たちも頭を悩ませたようだ。そのとき、彼らが出合ったのは「善悪不二《ふに》、邪正《じやしよう》一如《いちによ》」という仏教のロジックであった。

その経緯を、まずは卜部氏の『釈日本紀』から探ってみよう。

「善悪不二、邪正一如」の神

スサノヲはヤマタノヲロチを退治したあと出雲の地に鎮座し、クシナダヒメとのあいだにオホナムヂを生む。そしてクシナダヒメの両親アシナヅチ・テナヅチを「稲田宮主神《いなだのみやぬしのかみ》」と名付けた（『日本書紀』神代上・第八段・正文）。

『釈日本紀』には、この「稲田宮主神」の呼称をめぐって、卜部兼文と一条実経、その息子・家経との問答を載せている。


「稲田宮主神」

先師の申して云く、今世の天子・后宮の宮主《みやじ》の職は、此の濫觴《らんしょう》なり。

摂問ひて云く、当事の宮主は、稲田宮主神の苗裔《びょうえい》にあらざるや。

大仰せて云く、素戔烏尊、児宮首に宮主の号を賜ふ。只に官職の濫觴なり。必ず彼の神の苗裔となすべからざるなり。凡《およ》そ素戔烏神は、悪神に似ると雖《いへど》も、日本国の事の濫觴となす、大略は此神より起これるや。善悪不二、邪正一如の謂《いひ》、殊に勝事なりと。

（『釈日本紀』巻第七）


「宮主の職」とは卜部氏から卜占術に優れた者が任命される、天皇・皇后・皇太子の専属の占い師である。平安時代初期以来、卜部氏が勤める重要な職掌だ。とくに宮主は、年二回、天皇のために「御体《おほみまの》御卜《みうら》」という占いをして、天皇の身体に神の「祟り」がないかを占う秘儀を担当している。ちなみに、御体御卜では、天皇の身体にかならず伊勢神宮のアマテラスが祟ることが「定事」とされていた〔斎藤英喜、二〇一一・b〕。南北朝の動乱期、康安二年（一三六二）に卜部兼豊の記した『宮主秘事口伝《ひじくでん》』という本が、その秘事を伝えている〔安江和宣、一九七九〕。このように「宮主の職」は、卜部氏にとって名誉ある特別な職であったといえよう（ただし、卜部氏のなかでは宮主の職を継ぐ流れは衰退していったようだ）。

さて、注目したいのは、そのあとに続く議論である。スサノヲは「悪神」のように見えるが、「宮主の職」のように、日本国の物事の起源はスサノヲに始まるものも多い。この矛盾をどう考えていけばいいのか――。

ここで実経《さねつね》は仏教で説かれる「善悪不二、邪正一如」という教えを持ち出して、スサノヲはこの教えそのままであると言うのである。すなわち善と悪とはふたつに区別することはできない、あるいは正と邪とはもともとはひとつのものである……。

実経が提示した「善悪不二、邪正一如」の教えとは、「天台本覚論」と呼ばれる教義のなかから生まれたものである。あらためて、それはどういう教えなのか。

「本覚思想」とはなにか

「天台本覚論」とはなにか。じつはなかなか難解な教義だが、仏教学者の田村芳朗氏の研究をもとにして、できるだけわかりやすくまとめてみよう〔田村芳朗、一九七三〕。

一般に天台本覚論（本覚思想）と呼ばれる教義は、平安時代末期に天台宗内部から生み出されたもので、鎌倉時代以降に最盛期を迎えたという。その内容は、煩悩と菩提、生《しよう》死と涅槃《じねはん》、永遠と現在、本質と現象といったような二元的に対立させる考え方を突破、超越して「絶対不二」という境地を追求する教え、ということになる。

最初の段階では、二元的に対立しているものは見かけ上のものにすぎず、その対立を超えた「仏」の普遍的な真理があると考えられた。こうした二元的な対立を突破・超越した果てに、現実に降り立つと、二元的様相の現実をそのまま絶対肯定していくことになる。ここに「善悪不二」とか「邪正一如」という言い方も生まれてくるのである。さらにそれは日常生活そのものを肯定することで、人間が欲望にまみれ苦しむ「煩悩」の状態が、そのまま悟りの境地たる「菩提」の実現であるという「煩悩即菩提、無明《むみよう》即涅槃」といったキャッチフレーズも生まれてくるのである。なお「善悪不二、邪正一如」の用語は、鎌倉中期に作られたという『修禅寺決《しゆぜんじけつ》』（伝最澄）のほか、この時代の仏教テキストに広く見られるものという〔権東祐、二〇一二〕。

まとめてみれば、本覚思想とは、本来は多様に区別される複雑な現実をすべて「仏《ぶっ》性《しょう》」という普遍的な真理のもとに一元化してしまう発想といえばいいだろう。ただしこのような本覚思想は、悲惨な現実をもそのまま受け入れさせるイデオロギーとして機能し、権力の側の秩序維持に利用されたという批判もなされるのである〔佐藤弘夫、二〇〇三〕。

さて、天台本覚論の思想は、鎌倉時代後期には、天台宗や仏教僧侶内部だけではなく、広く貴族社会にも流通していることは、一条実経の発言からもわかるところだ。実経は「善悪不二、邪正一如」という仏教教義を、いわば世間的な常識と認識している立場から、スサノヲがもつ悪神でありつつ、起源の神という二面性をそのロジックで説明できるという口ぶりだ。実経によるスサノヲ＝善悪不二説にたいして、卜部兼文が特別に異論を差し挟まないところも重要だ。神祇官系の卜部氏にとっても、「一般常識」となっていた発想だったのだろう。とくに仏教だから違うという認識はなかったようだ。

仏教系神話学と善悪不二説

一方、僧侶たちによる仏教系神話学のなかで「善悪不二説」は、どう展開されたのだろうか。平安末期から鎌倉初期、天台園城寺派の管掌下にあった伊勢仙宮院《せんぐういん》（現在の仙宮神社）の住僧たちによって作成された「中臣祓《なかとみのはらえ》」の注釈書がある。最初期の仏教系神道のテキスト、『中臣祓訓解《くんげ》』である〔岡田荘司、一九七八〕。後に「伊勢神道」を編み出していった伊勢外宮の渡会氏たちに「極秘書」として重宝された書物だ。

そのなかでは神々の順位が付けられている。まず一番は、究極の悟りの境位に達した「本覚」の神々。伊勢内宮のアマテラス、外宮のトヨウケがそれにあたる。次は「本覚」に至る始発の状態、「始覚《しかく》」の神々。石清水八幡宮や広田社の神がそれに該当する。そして最後に、悟りえない、迷いの状態である「不覚」の神々がいる。「出雲荒振神《あらぶるかみ》」、すなわちスサノヲやオホナムヂである。彼らはまた「无《む》明《みょう》悪鬼ノ類」「実ノ迷神」とも呼ばれる。神々の存在を仏教の修行階梯のロジックで分類していくわけだ。ここでは「善・悪」の神の区別が明確になされていることが見てとれよう。

こうした神々の分類は、鎌倉時代初期に興福寺の僧侶貞慶《じょうけい》（一一五五―一二一三）が「念仏の輩」批判のために編み出した「権《ごん》化《げ》実類」の区別ともリンクしよう。「権化（権社神）」とは、この世に現れた姿は「権《かり》」で、本当は仏菩薩であるという神。先の「本覚神」「始覚神」などにあたる。一方「実類」（実社神）の神とは、仏菩薩の本地をもたない、動物霊、死霊、悪鬼のたぐいをさす。「念仏の輩」は神を拝まないというが、本地をもつ「権社」の神は仏教徒も拝む必要があるという理屈である（「興福寺奏状」）。

だが、中世後期になっていくと、この権社神／実社神の区別は固定的なものではなく、曖昧になってしまう。南北朝時代に編纂された『神道集』では、「実類」の神も修行を積むことによって、最終的には「権社神」の眷属《けんぞく》となるので、両者ともに衆生済度の存在として崇めるべきことが説かれていく。仏の教えを「民衆」に説くにあたって、彼らの生活圏での信仰対象である実類の神＝動物霊、自然神たちを信仰対象から排除できず、実社神も仏教教理のなかに組みいれる必要があったからだ〔中村生雄、一九九四〕。

そこからさらに「无明悪鬼ノ類」「不覚」の神として貶《おとし》められた出雲系の悪神たちも「本覚」の神としてのアマテラスとの対立を解消し、両者を同一の神格とみなすような教理も生まれる。卜部吉田家出身で、天台の僧侶ともなった慈遍の言説である。

慈遍が執筆した『天《てん》地《ち》神《じん》祇《ぎ》審《しん》鎮《ちん》要《よう》記《き》』（元弘三年〈一三三三〉）では、「本覚神」も「不覚神」も「其性一如ナリ、邪正随縁シテ、権実《ごんじつ》、物ニ応ズ……」と、本性に区別はないが、現実の関係などから区別が生ずるにすぎないと論じる。また「和光同塵、何ソ善悪ヲ隔ンヤ」と、衆生を救うためにこの世に姿をあらわした神に、なんで善悪の隔てがあろうかと説いていく。要するにアマテラスとスサノヲの「本性」は同じものだが、たまたま現実の関係のなかで対立したにすぎないというわけである。これこそ、現実のあらゆる存在に「仏性」が宿るとすることで肯定していく「天台本覚論」の極地ともいえよう。

さらに慈遍は、スサノヲと提婆達多《だいばだつた》との類似性も説いていく。

達多カ悪逆ハ素戔烏ノ行、其性悪ヲ論《ろんずれ》ハ邪正一如ナリ、其修用ヲ謂《いは》バ、善悪互ニ転ス……　（『天地神祇審鎮要記』）

提婆達多とスサノヲ

「達多」とは、釈尊の従兄弟とされる提婆達多（デーヴァダッタ）のこと。釈尊にしたがって出家したが、釈尊を嫉み、釈尊を殺そうとして象を放ったとか、毒薬を使ったとかいう伝承ももつ。極悪人の代表とされる人物だ。ただしそれは仏教教団ができて、異端・正統を区別していくなかで、作られた伝承ともされる。実際は提婆達多も、釈尊とは違う「ブッタ」の教えを説いたという説もある（中村元、一九九二）。

それはさておき、『法華経』「提婆達多品《ほん》」では悪逆の提婆達多も「成仏」＝悟りを開く存在とされる。現象的な邪正・善悪ではなく、その奥にある普遍的な真理としての「仏」を備えていることが提婆達多を通して説かれるわけだ。そして慈遍は、スサノヲの「悪逆」も提婆達多と同じで「邪正一如」であり、善悪は互いに転じていくと説く。スサノヲが提婆達多と類似すると説くことで、スサノヲがもつ矛盾を解き明かすと同時に、スサノヲを仏教的グローバリズムの世界へ読み替えていくことになるわけだ。

なお提婆達多とスサノヲとを結びつける言説は、『祇園牛頭天王縁起』（長享本）（一七七頁、参照）にも、「譬《たとへ》は提婆の逆によつて……」などと見ることができる。提婆達多の

「悪」は、釈尊の慈悲を逆に際出させるためのものであったように、スサノヲの「悪」も、日神アマテラスの「神明の威」を照らし出すためのものであったという説明になる。悪役スサノヲは、善神アマテラスを強調するための「方便」だったというような論調である。

兼倶の「善悪不二説」

では室町時代後期、吉田兼倶はスサノヲの「善悪不二」をどう説いていくのか。彼の『日本書紀』講義を拝聴しよう。

三界ノ衆生《しゆじよう》ヲ、アカラサマニ夭死サセテ、短命ニナスモ、此《この》神ソ。悪神ノ出《いで》タモ面白事ソ。善悪不二ノ処ヲ、後代ニ示サン為ソ。（『神書聞塵』）

衆生を早死にさせるような「悪神ノ出タモ面白事ソ」とは兼倶らしい発言だろう。聴衆たちの驚く顔が浮かぶようだ。あるいはニヤッと笑った聞き手もいたかもしれない。そこで兼倶は、スサノヲが「悪神」として生まれたのは、じつは「善悪不二」という教えを「後代」の人びとに示すためだったと説く。もちろん彼は「神主仏従」の立場だ。あくまでも神々の世界の側から「善悪不二」を説明していく。次のような論調になる。

素戔《すさ》ノ元来悪心ハナイソ。天地陰陽ノ気ヲウクル人ゾ。五気七情、人々具足シテ、善悪邪正ハナウテハ叶ハヌソ。サレトモ、善悪邪正ヲ分別《ふんべつ》スルハ人ト云処ヲ知ラセントテ、カウセラル、ソ。（『神書聞塵』）

スサノヲは「悪神」として生まれたが、もともとは「悪心」はない。一方、天地陰陽の気を受けて誕生した人間たちにとっては、善悪の区別がつかなくては社会も成り立たない。しかし善と悪の分別をするのは、人間たちの世界のことにすぎないこと、神々の世界では「善悪不二」であることを教えるために、あえて「悪神」のように振舞うのだ……。

天台本覚論の教義からは、現実の善悪、邪正の区別は見かけ上のものでしかなく、その奥にある普遍的な仏の真理に至ることが重要だ。「善悪不二」とは、それを知らしめるための方便のようなものだった。

これにたいして「神主仏従」の立場をとる兼倶は、善悪、邪正を「分別」するのは、「後代」の人間の世界になって生じたもので、それ以前の神々の世界には「分別」もなく、したがって「善悪不二、邪正一如」であった。そして仏の教えは天地開闢から「億劫万歳」の後に釈尊が誕生したあとに説かれたものだから、「善悪不二、邪正一如」は神々の側が教えてくれたのである。つまり兼倶に言わせれば、スサノヲこそが、現実にあらわれる善悪・邪正の奥に隠されている普遍的な真理を体現している神、ということになるわけだ。

この議論は彼がスサノヲを異国の神々と同体化させる「比較神話学」にも繋がっていく。

兼倶は牛頭天王、新羅明神や赤山明神、摩多羅神、金比羅神という異国の神々は、もとをただせばすべてスサノヲだ、と説いた（一六八頁、参照）。その言説を支えているのは、日本の神々（神道）が根本で、儒教や仏教はそこから派生した枝葉、花実であるという「根本枝葉花実説」にあることも、「祇園御霊会のスサノヲ」で見てきたとおりである。

異国神との同体化が意味するもの

ところで、あらためて興味深いのは、スサノヲと同体とされた牛頭天王、新羅明神、赤山明神、摩多羅神などの異国神の素性だ。彼らは多く寺院を守護する伽藍神であったが、じつは行疫神《ぎょうえき》、障礙神《しょうげ》といった「悪神」の性格をもつからだ。

たとえば摩多羅神は、比叡山、多武峰《とうのみね》、日光山などの天台系寺院の常行三昧堂に「秘仏」として祭られ、衆生を往生へと導く念仏の守護神とされている。だが、山本ひろ子氏の研究によって、比叡山のなかで伝わった秘説から、その恐ろしい「異神」の姿が浮かび上がってきた〔山本ひろ子、一九九八・b〕。

摩多羅神はもともと異国の神。唐で引声《いんぜい》念仏を学んだ慈覚大師・円仁（七九四―八六四）が、帰国する船のなかで「わが名は摩多羅神。障礙神である。われを祭らねば浄土往生はかなわない」というお告げを聞いた。かくして念仏三昧の道場である常行堂にこの神を勧請して祭った……（『渓嵐拾葉集』）。もちろんこれは円仁に仮託された、中世神話の一こまである。

「障礙神」とは、「毘那夜迦《びなやか》」（常随魔）の本身で一切の障りとなる恐ろしい神である。人びとの煩悩や無明、あるいは貪《とん》（貪り）・瞋《しん》（怒り）・癡《ち》（無智）の「三毒」の当体ともいう。そうした衆生の往生を妨げる神が、逆にその力を利用して念仏者を守護し、往生へと導いてくれるというのだ。その背景にあるのは煩悩即菩提、無明即法性という「本覚」の理であったことは明らかだろう。

さらに摩多羅神は衆生の精気を吸い取って死に至らしめる「奪精鬼《だつしょうき》」＝荼吉尼天《だきにてん》とも習合する。そこから死に臨むものは、己れの死骸の肝臓を摩多羅神に食されることで、阿弥陀仏のもとに赴き、極楽往生が遂げられるともいう……。ここにはもはや「本覚思想」という教義さえも超えてしまう、過激な宗教実践が見てとれよう。

スサノヲが摩多羅神といった異国神と同体化されたとき、そこに見られるグローバルな思想は、善悪不二、邪正一如から、さらに煩悩即菩提、無明即法性というラディカルな教えと結びついていくことが知られよう。

悪神でありつつ始元の神となる「矛盾」を身にまとう、中世神話のスサノヲの究極の姿。それは近代的な合理主義・人間主義ではとても手には負えない、「神」の相貌である。

そうしたスサノヲ神話は、さらに「祓え」の宗教実践のうちに宿っていく。

スサノヲ変貌する

荒ぶる悪神としてのスサノヲといえば、まず思い浮かべるのは高天原におけるアマテラスへの悪行の数々であろう。アマテラスの神聖な田の畔を毀し、水路の溝を埋め、また新穀を奉る神殿に糞を撒き散らし、さらに斑《まだら》の不吉な馬の皮を尻から剝ぎ、神に献上する衣を織る機織り屋に投げ入れ、機織り女を殺害してしまう。そしてあげくの果てにアマテラスを岩屋に籠らせ、世界から光を奪い、悪神が満ち溢れる暗闇に陥れる。かくして、スサノヲは諸神から祓えを受けて、根国《ねのくに》へと追放されていく……。

『記』『紀』に記されたこの神話は、平安時代初頭、斎部広成《いんべのひろなり》の『古語拾遺』〈大同二年〈八〇七〉〉によって、スサノヲは「罪の化身」へと読み替えられ、「大祓」の起源神話へと変貌していった〈権東祐、二〇〇九〉。神話と宮廷儀礼とを結びつける回路が、『古語拾遺』を通して作り出されたというわけだ〔神野志隆光、一九九九〕。

一方、六月・十二月晦日の「大祓」で中臣が宮廷びとにむけて読みあげる祝詞（『延喜式』巻第八）は、平安時代中期以降に、陰陽師、密教行者たちによる個人祈禱の場で読まれる「中臣祓」（『朝野群載』所収「中臣祭文」）へと変質していく。さらに平安末期から鎌倉時代初期に、「中臣祓」の注釈として作成されたのが『中臣祓訓解《くんげ》』である。そのなかでは、祓えの実践者の立場から祓えの呪法文が「注釈」＝読み替えられていく、興味深い様相が見てとれるのだが、「罪の化身」とされたスサノヲに焦点を絞り、その注釈を見てみよう。

ハヤサスラヒメとスサノヲ

罪穢れを祓い清める「中臣祓」の最終段階で、天罪・国罪を根国・底《そこの》国《くに》へと送りだしてくれる祓えの女神・ハヤサスラヒメについて、次のような注釈が施された。

速佐須良比咩神〔伊弉那美尊、其の子速素戔烏尊なり。焔羅《えんら》王なり。司命司禄《しめいしろく》等は、此の神の所化なり。一切の不祥の事を散失するなり〕（『中臣祓訓解』）

かつて折口信夫が「水の女」と呼んだ祓えの女神・ハヤサスラヒメは、イザナミの子・スサノヲのことだという。さらにそれは地獄の閻羅王であり、死者の戸籍簿を管理する司命司禄神はその変化した姿である……。

性差さえも無視してしまう、中世特有な神話解釈であろう。罪の化身たるスサノヲは、ここでは祓えの女神へと変貌するわけだ。根国・底国は、罪穢れの発生の源であったので、その当主たるスサノヲ＝ハヤサスラヒメが、罪穢れを根国・底国へと送却するという儀礼的な発想を見てとれよう。それを仏教ロジックで語るとき、善／悪、浄／穢も超えてしまう、人間の思考では及びもつかない「意界不可得」という境位へと辿り着いてしまうのである〔桜井好朗、一九九三〕。

吉田兼倶の「祓え」講義

室町時代後期に、天皇や貴族、僧侶たちにむけて『日本書紀』の講義をした吉田兼倶は、また「中臣祓」の注釈も行なっている。兼倶が行なった「中臣祓」注釈が、大永三年（一五二三）に、清原宣賢《のぶかた》（一四七五―一五五〇）によって書き記された〔宮地直一、一九八一〕。ちなみに宣賢は兼倶の三男、わけがあって儒学の清原家に養子に出た人物だ。

兼倶による「中臣祓」の注釈で、スサノヲ＝ハヤサスラヒメ説は、どう展開していくかを見てみよう。

速佐須良比咩…トハ素戔烏ノ別号也。此神ハ、悪神ニテマシマスニ依テ、天上ニモ、エスミ玉フヘカラス、又葦原中国ニモ、エ住玉フヘカラストテ、諸神ノ、根国へ、追ヤリ玉ヘリ。故ニ、根国底国ニ、マシマス也。陽神ニテ、マシマセトモ、根国ニ御坐アルホトニ、比咩ト申也。（「中臣祓解」）

スサノヲは悪神なので天上にも葦原中国にも住めない。それで根国に追放された。だから根国・底国にいるハヤサスラヒメとは、間違いなくスサノヲの「別号」だ。そして男神であるスサノヲが女神になったのは、根国にいるからだ。根国は「陰」の国というロジックからの説明だろう。だから根国のスサノヲは女神へと変化する……。

中世初期の『中臣祓訓解』にくらべると、とても「合理的」な説明になっていることがわかろう。聞き手の貴族たちが納得しやすい注釈がめざされているのだろう。しかし、そのことは「善悪不二説」で説かれてきた、中世神話の奥深さや広がりが狭まっていくようにも思われる。兼倶の講義の続き――。

失弖牟《てむ》トハ、素戔烏神ヲ失ヒ申ニハアラス、彼神ノ悪心ヲ、失ヒ玉フ也。素戔烏尊、南海ノ神女ニ通フコト、備後国風土記ニ見ユ。素戔烏ヲハ、日本ニハ、勧請ナシ。其御子大己貴尊ヲ、出雲国ノ大社ニ、勧請也。後ニ大己貴ノ父ノ神ヲ、請シ申サル、ニヨテ、今ハ素戔烏ヲ本主トスル也。（「中臣祓解」）

「失う」とは、スサノヲがその「悪心」を失うことを意味する。悪神たるスサノヲが、祓えによって、その悪心を改めたという説明だろう。祓われることで「悪心」を失って、善神になったという説明が読みとれる。それは善悪不二というよりも、善と悪とを区別して、「祓《はら》え」が悪心を消失させ、善神へと導いたという発想のようにも見られよう。

兼倶の講義は、そのあとに、突然、話題は変わって、スサノヲが出雲大社の祭神となる由来を説き明かす。『備後国風土記』にあるように、異国の神であるスサノヲは「日本」には勧請されない。その御子のオホナムヂを出雲の大社に迎えて祭った。後にオホナムヂが父の神スサノヲを迎えたので、今は出雲大社の祭神はスサノヲである……。

「スサノヲは雲陽の大社の神なり」で取り上げたスサノヲ＝出雲大社祭神説をめぐる、兼倶の独特な言説である。スサノヲが悪神であり、また異国の神でもありながら、出雲大社に祭られる神となることと祓えによって「悪心」を消し去ったこととを結びつけるのだろう。あるいは子どもが父親に礼を尽くすといったような、儒教的な世俗倫理の匂いもしてこよう。

「柔軟ニナリ玉ヘリ」

そして兼倶の「祓えの注釈学」は、続けて、スサノヲが祇園社の神となったことにも説き及んでいく。少々長いが、なかなか傑作な内容なので、全文を引こう。

清和天皇貞観十八年ニ、疫神ノ、タ、リヲナシテ、諸人発病ス。吾廿代ノ先祖日良《ひら》麻呂《まろ》、京中ノ男女ヲヒキヰテ、六月七日ニ、疫神ヲ、神泉苑へ送ル。其次ノ年ニ、又、疫神ノタ、ルホトニ、諸人カ、神輿ヲ神泉苑ニ送ル。ソレヨリ以来、毎年六月七日ニ、シツケニナリテ、コレヲ祭ル。今ノ祇園会、是也。其神輿ヲ置処ヲ、八坂御門、感神《かんじ》院《いん》ト云寺ニヲク。神殿モナカリシヲ、摂家の先祖昭宣公ノ、御殿ヲマイラセラレテ、其ヲ神殿トス。是ヲ精舎ト云。コレニ依テ、後人カ、祇園ト号ス。其後天王号ヲ、授申サル。サルホトニ、祇園ハ、神社作ニハアラスシテ、常ノ家作也。是素戔烏尊也。上古ニハ、遂ニ此神ヲ、勧請ハナカリシ也。シカレハ、祇園ニテハ、此祓ヲ、読マシキカト申不審アリ。一往ハ、面白キ不審ナレトモ。此祓ヲ読ヘキ也。素戔烏尊モ、一念ノ悪事ノ起ヲハ、諸神ノ祓ヲモテ、シツメ玉シカハ、素戔烏モ御心、柔軟ニナリ玉ヘリ。シカレハ、此祓ヲハ、納受シ玉フヘキ也。（『中臣祓解』）

貞観十八年（八七六）、京中の人びとを率いて疫神を神泉苑に送却した祇園御霊会の起源は、兼倶たち卜部氏の先祖「日良麻呂」に始まる、という。『祇園社本縁録』では「貞観十一年」となっていたが、どうやらこれは卜部氏の先祖伝承と結びつけた起源譚であったようだ。そのあとの「摂家の先祖昭宣公」（藤原基経）による祇園感神院の建立など、これも吉田家で作られた『二十二社註式』とも通じるものだ。

興味深いのは、「上古」にスサノヲが祇園社に「勧請」されなかったので、祇園社では「祓」（中臣祓）を読まないという「不審」の説が引かれるところだ。これは当時、世間に広まった言説なのだろう。これにたいして兼倶は、スサノヲはたしかに「悪事」を起こす神だが、諸神の祓えによって鎮められたので、スサノヲの「御心」も「柔軟」になった。だから祇園社においても祓えを行なうべきだと結論付けている。

後半部分、中世後期において祇園社では「祓」が不活発なことにたいして、祓えを行なってもかまわないという、現世的な理由が背景にあるのだろう。そしてそれを説得させる理由として、スサノヲが祓えを受けて、その「悪心」が鎮められ、「柔軟」になったことが説かれていく。それは、スサノヲの悪心が失われ、善神になったという前の説明を受けていることは、いうまでもない。

こうした言説は、「善悪不二」という神々の超越性を「後代」の人間たちに教えるのがスサノヲの役目という議論に比べると、なんとも世俗的な発想という感じがする。善と悪とを二元的に区別し、それはまた「心」の問題とする、儒学的な議論がベースになっているのだろう。スサノヲには、もともと悪心も善心も備わっていたので、「祓」を受ければ、悪心はそのまま善心に転じるというわけだ。それは「善悪不二」説の、あらたな解釈ともいえる。

この説明は、世俗的な人びとにも理解しやすいものだろう。そしてそれは「世俗社会」にむけた、スサノヲのあらたな変貌の始まりでもあった。

「悔悟」するスサノヲ

室町末期の吉田兼倶に創始する「吉田神道」は、戦国乱世の時代を生き抜き、強化されて、やがて徳川社会のなかでは「神道界」を制覇することになる。だが、吉田神道の継承者である吉川惟足《よしかわこれたり》（一六一六―九四）のときに、その神道説は大きく変質していった。そのあたりの問題は「神道史」としても興味深いところだが、とりあえずスサノヲ神話の変容を見てみよう。近世前期、十七世紀のスサノヲである。

出雲へと追放されたスサノヲがヲロチを退治して、そこで発見した剣をアマテラスへと献上した件について、惟足はこう解釈していく。

コ、カ素戔烏尊ノ大悟ノ場也。妬《ねた》ンテ姉ノ御田ヲ害シ、天下ノ衣食住ヲ妨ケ給ヒシ尊ノ是神《あや》シキ剣也、吾何ソ敢テ私ニ以テ安ランヤト宣ヒテ、天神ノミモトへ〔天照太神ヲサス〕献リ玉フ、天地懸隔ノ事ト云ヘシ、惣シテ悪性ナルモノハ、是ニ恵ヲ加フレハ、必《かならず》其恵ニ誇ツテ、彌《いよいよ》其悪性ヲ増長スルモノ也。去程ニ左様ノ者ニハキツト、刑罰ヲ加ヘテ、威懲シタルカヨキ也、刑ヲ蒙ツテ、親戚朋友ニモ君ニモ臣ニモ棄果ラレテ、タツギナキ様ニナレハ、必自ラ怨ミ、自ラ艾《こり》テ、其悪ヲ改メテ、善ニ向フモノ也、此尊モ天下ノ諸神ニ逐ヒ責ラレテ、困窮至極シテ、ソコテ我スラ我悪に艾テ、ハタト転シテ、善神トナリ玉フソ、善悪素《もと》ヨリ己ニ具ハレリ、迷ヘハ忽《たちまち》荒振神トナルへキ、悟ラハ人々善神トナルへシ。　（『神代巻家伝聞書』）

アマテラスの田を害した悪神スサノヲが、どうしてヲロチの尻尾から発見した剣を天神・アマテラスに献上するのか。荒ぶる行いを繰り返したスサノヲからみれば、天地ほどの隔たりがある。それはスサノヲが刑を受けて出雲に流されたことではじめて自分の悪心を悔悟し、心を入れ替えたからだ。人はすべて善悪ふたつを持っている。迷えば悪神となり、悟れば善神となる……。

なんとも分かりやすい説明だ。だがここでスサノヲの「善悪不二」の説は、徹底的に人間の倫理的な問題へと転回していくことが見てとれよう〔田尻祐一郎、一九九六〕。とくに「悪性」のものには厳しい刑罰を科すべきだ、という発現には、「支配者」の側からの視線もうかがえる。スサノヲ神話が、徳川社会の法を支える儒学や世俗倫理の発想で読み替えられていった姿をここに見ることができる。世俗の人間社会のなかにスサノヲが降りてきた、まさに「近世神話」の始発を語るものといえよう。

ちなみに吉川惟足は、江戸日本橋の商家の出身ながら、神道界の実力者萩原兼従《かねより》（吉田家の神道を継承）に弟子入りし、さらに将軍補佐役の会津藩主・保科《ほしな》正之《まさゆき》の後援を得て、ついには幕府・寺社奉行配下の「神道方」に就任し、幕臣に列せられたという異例の人生を歩んだ人物だ〔平重道、一九六九〕。

かくして、変貌するスサノヲを探ってきたわれわれの旅も「近世」という、あらたな時代の到来を迎えることになるのである。

その後の、スサノヲ――エピローグ

ここで中世のスサノヲ神話の世界が、さらに徳川社会のなかでどう変貌していったのか、という大きな課題へと転回していく。まさに「江戸」のスサノヲ、である。しかしそれはあらたに一冊分の本が必要となるぐらいの大きく、深いテーマに発展しそうなので、とりあえず、ざっとした見取り図だけでも提示しておくことにしよう。

江戸のスサノヲへ

京都出身の儒者・山崎闇斎《あんさい》（一六一八―八二）は、会津藩主・保科正之に紹介されて吉川惟足と知遇を得たのをきっかけに「神道」に目覚める。彼は伊勢外宮の神官である出口延佳《のぶよし》（一六一五―九〇）にも教えを受け、独自な儒学系神道の一派を創設した。「垂加《すいか》神道」である。

儒学者である闇斎も「祓え」によってスサノヲの悪心が消えて、善神に変るという論法を立てるが、彼がとくに注目するのは、スサノヲが蓑笠を被って雨のなかを根国へと降る場面で「風雨甚しと雖《いへど》も、留休《とまりやす》むこと得ずして辛苦《たしな》みつつ降る……」(『紀』第七段・一書〔第三〕)と記述された「辛苦」という言葉だ。それはたんに激しく苦しむという意味を超えて、「荒金ノ暴悪ノ気象モ変化シ、終《つい》ニ土金錬熱シテ敬《つつし》ミノ神徳ニ帰シ給ヘル……」(『神代巻藻塩草』)といった具合に、五行説、陰陽説と人間の善悪の道徳を結びける解釈をしていく。垂加神道にとって、スサノヲは、解除・辛苦・鍛錬の過程を示す「敬ミノ神徳」の存在ということになるわけだ〔三木正太郎、一九七〇〕。

闇斎の垂加神道は十七世紀後半以降の徳川社会の知識人たちに広く広まったようで、彼の弟子たちは、天文家の渋川春海や陰陽道の土御門泰福《つちみかどやすとみ》、武家伝奏を勤めた朝廷の正親町《おおぎまち》公通《きんみち》、さらに京都の下御霊社、伏見稲荷社、そして祇園社などの神社関係者など、多彩な人材で形成されていた〔松本丘、二〇〇八〕。

こうした垂加神道への批判者として登場してくるのが、国学者の本居宣長(一七三〇―一八〇一)であるが、彼の若い時代に影響を与えた母方の祖父、伯父たちは垂加派の神道者であったことから、宣長自身もその思想的な圏内にいたことは見過ごせないところだ。たしかに宣長が、『日本書紀』一辺倒の神話学から、『古事記』の固有の価値を見出したことの意義は大きい。だが、スサノヲ神話については、「祓え」「解除」の功によって、暫時善心に立ち戻っていく……という儒学系神道説とそれほど変らない解釈をしている（『古事記伝』）。ただ宣長は神々の世界を「人間」にあてはめて、世俗的な倫理道徳を述べることは、拒否しようとする。そこに見出されたのが「禍津日神《まがつひのかみ》」であった。「神」の超越性へのこだわりは、中世神道、とくに吉田兼倶との共通性も見出せるほどだ。

さらに宣長の「異端の弟子」たる平田篤胤（一七七六―一八四三）の神話学においては、兼倶の発想とより類似していることは、先にも述べたとおりである（一七一頁）。天竺・震旦・日本という三国的世界観を突破して、あらたに「西洋」という世界性を見出したところで、篤胤のスサノヲ神話は、十八―十九世紀の「普遍学」、比較神話学、宗教学との共時性も考えることができそうだ〔彌永信美、二〇〇七〕。

ともあれ、「江戸のスサノヲ」の神話世界は、中世神話からの繋がりとともに、断絶・飛躍という視点から、これまでとは違う、豊かな広がりが見えてくるに違いない。

それはあらためて、別の機会の課題とすることにして、最後に江戸末期に描かれた傑作なスサノヲ像を紹介しておこう。

「誓」としてのスサノヲ

ここに一枚の絵がある。江戸末期の浮世絵師・歌川豊国（三代）が描いた『大社縁結図』（島根県立古代出雲歴史博物館蔵）である。

周知のように、一般では十月を「神無月」と呼ぶのにたいして、出雲では「神在月」という。その月には日本全国の神々が、男女の縁を結ぶために出雲大社に集うという。そのとき集まってくる神サマたちはどんなスタイルをしているかを描いたのが、この『大社縁結図』だ。クニノトコタチ、アマテラス、オオクニヌシ、アメノウズメ、ヤマトタケル、スサノヲなどメジャーどころの神々が登場するが、傑作なのは、その神サマ

図15　『大社縁結図』
（島根県立古代出雲歴史博物館所蔵）

たちの姿が、まるで歌舞伎の役者のように描かれているところだ。神々の姿は、江戸の人びとが愛した役者絵のパターンを踏んでいるのである。

では、スサノヲはどのような役者に仕立てられているか（カバーも参照）。逆立つ髪の毛、紅の筋隈。そして大刀を振り上げた猛々しい相貌。そう、十一月の顔見世興行で、七代目・市川団十郎が十八番に登録した「暫《しばらく》」。スサノヲは歌舞伎のなかの「暫」そっくりに描かれていた……。

「暫」とは、罪もない善人や麗しい姫君が悪人にかどわかされ、あわや一命を絶たれようとする瞬間、花道から「しばらく」の大音声とともに登場し、観客びとが拍手喝采を送った、正義のヒーローである。

江戸の人びとにとって、荒ぶる英雄スサノヲは、団十郎演ずるところの「暫」として認識されていたのだ。なお『縁結図』のスサノヲの下側には、青色の顔をした異形のモノが描かれている。それはスサノヲに退治されるヤマタノヲロチである。「暫」の舞台においても、敵役は青い隈を描くのが定番であった〔戸板康二、一九七八〕。

荒ぶる英雄神スサノヲは、江戸時代の都市民衆が愛した「暫」に変貌した。「暫」としてのスサノヲ。猛々しい力で悪人を断ち切る正義のヒーロー。だが、その顔に刻まれた紅の隈取りは、その異形ぶりを彷彿させる。悪心を悔悟し、善神となったスサノヲとは違う、中世の荒ぶる神の記憶を呼び起こしてくれよう。

近代のスサノヲ

明治元年（一八六八）三月二十八日、西郷隆盛と勝海舟のあいだで江戸開城の取り決めがなった直後、新政府は各地の神社にたいして「某権現或ハ牛頭天王ノ類」など仏教語を使って神名を号している場合は、即刻その由緒を提出せよと命じた。そして五月には、早々と牛頭天王を祭る「東山感神院《かんじいん》祇園社」は、その社名を「八坂神社」へと改称させられた（『神仏分離史料』）。これ以降、祭神の牛頭天王の名前は抹消され、「素戔烏尊」と呼ばれることになったのである。

同様な例は各地の「天王社」「祇園社」にも起きた。なお現在、日本各地には六千から七千社の「素戔烏尊」を祭神とする神社があるというが、その大半はもともとは牛頭天王を祭っていた神社である。

牛頭天王の名前を抹消し、「素戔烏尊」を祭神とした八坂神社。それは中世的に変質を遂げたスサノヲが、その本来の古代神としての神格を取り戻したことを意味した……。

いや、そうではないことは、本書の読者にとってはもはや自明のことであろう。

中世という時代にあって、近代の思考や想像力を遥かに超え、自由奔放に姿を変えていったスサノヲ。悪神として追放され、一方でヤマタノヲロチを退治し、また天竺から漂流してくる島を繋ぎとめて、出雲の地を創建し、出雲大社に鎮座する。あるいは冥界の地獄の王ともなり、異国の行疫神や障礙神《しょうげしん》たちと合体することで、天竺、中国、日本という中世的グローバリズムを体現する神となる。そして善と悪、邪と正という矛盾・対立する性格を一身にまとう姿は、人間世界を超越した「善悪不二」の神となる。

いくつもの名前、姿をもち、融通無碍《ゆうずうむげ》に七変化するスサノヲ。だが、その神が「素戔烏尊」というひとつの名前を取り戻したとき、それは皮肉にも、彼がもっていた多種多様な可能性がそぎ落とされ、痩せ細った「古代」の神に成り下がったことを意味していたのである。近代の国家神道が作り出した「古代」である。

そんな「近代＝古代」をあざ笑うかのように、いまだ知られざる中世神話のスサノヲが、われわれの周りに身を潜めている。彼をいま・ここに呼び出すことが、新しい時代を生きる神話学には問われているのである。

あとがき

神話研究者にとって、スサノヲは魅力的な存在だ。僕も何編か「スサノヲ」に関する論文を書いてきた。しかし、その後、僕自身はスサノヲよりもアマテラスのほうに魅了されてしまった。なんといっても、それまで皇祖神・国家神といったイデオロギー的な神とされてきたアマテラスが、じつは天皇自身に祟りをなす神であったという驚きの相貌に出会ったからだ。そのアマテラスは、中心と周辺、両義性といった既成の神話学のタームでは説明できないような、スリリングな神話世界を教えてくれた。そこから僕の神話研究はアマテラスを中心に進み、そしていつしか「中世神話」という、あらたなフィールドへと踏み込むことになり、古代神話から中世、近世、近代への変貌の過程を描いた決定版？『アマテラス』を、昨年に出すに至ったのである。

さて、四年ほど前、三浦佑之さんの編による『古事記をよむ』のなかに「中世神話の世界」という一編を書かせてもらったとき、吉川弘文館編集部の一寸木《ますき》紀夫さんから、中世神話のアマテラスはいろいろとわかってきましたが、ではスサノヲの中世神話はありますか?と問いかけられ、それはいろいろとありますよ、と軽く答えてしまったのが、そもそもの本書のスタートであった。しかし、軽く答えてみたのはいいけれど、実際に調べていくと「いろいろとありますよ」どころの騒ぎではなかった……。スサノヲの中世神話は、アマテラス以上に、とんでもない複雑さと奥行きをもっていたのだった。

とくに中世の出雲大社の祭神がスサノヲだったという「事実」は、予想もしないような古代神話の変奏譚を導くことになったし、祇園牛頭天王《ごずてんのう》との習合という問題は、「善悪不二、邪正一如」という、中世仏教の難解な教義によって読み替えられ、摩多羅神《またらじん》・新羅明神《しんらみようじん》・赤山明神《せきざんみようじん》・金比羅神といった中世の異貌の神々と果てしなく結びついていくのだった。そんな中世神話のスサノヲは、もはや荒ぶる神の両義性という視点では捉えきれない姿を見せてくれた。まさしく「七変化」と呼ぶのがふさわしいだろう。

もちろん本書は、中世神話のスサノヲの全貌をあますところなく描き出したとはいえないけれど、知られざる中世のスサノヲの相貌をテーマとした、最初の本となったことは、間違いない。あまりにも面白い話題や資料が続出してきて、どんなふうにまとめていけばいいのか試行錯誤の連続だったけれど、書いている僕自身が圧倒され、魅入られてしまったスサノヲの変貌ぶりを多くの読者と共有できれば、こんなうれしいことはない。

本書作成に協力したもらったふたりの若手研究者を紹介しておこう。ひとりは舩田淳一くん。僕のもとに提出した博士論文をベースに『神仏と儀礼の中世』を上梓し、いまや中世宗教史研究の若手のホープである彼には、中世の出雲大社に関する最新の研究動向を教えてもらった。彼もいずれ中世の「出雲神話」の世界に切り込むことだろう。

もうひとりは権《こん》東祐くん。韓国からの留学生だった彼は博士論文『スサノヲの変貌に関する研究』を僕のもとで執筆した。そのテーマは、まさしく本書ともクロスする。その意味では、本書の一部は、権くんとの「共同研究」みたいなところもある。今後、彼は韓国と日本の神話に関する「比較研究」のあたらしい地平を切り開いてくれるだろう。そのとき中世のスサノヲ神話も、また新しい研究へと転回するはずだ。

先日、来日した権くん、そして他の院生、学部生の諸君と共に出雲の鰐淵寺に行ってきた。われわれが寺に着くと同時に、はげしく雪が降りはじめ、まるで吹雪のような壮絶な景色の中の摩多羅神社をお参りすることになった。あれは一体、なんのメッセージだったのだろうか。

本書の編集実務は編集部の並木隆さんに担当していただいた。細やかな作業に感謝申し上げます。そしてなによりも、「中世のスサノヲ神話は？」という問いかけをしてくれた、本書の「生みの親」である一寸木紀夫さんに感謝。その問いかけに答えるのに、ずいぶん時間がかかってしまったことに、ただただ平謝りです。

さて、この未曾有の時代に顕現した中世神話のスサノヲは、はたしてどういうあらたな変化《へんげ》を見せてくれるのだろうか。

二〇一二年三月

梅の季節をむかえる京都で

斎藤英喜

参考文献

引用した史資料

古　事　記　新潮日本古典集成　新潮社
日　本　書　紀　新編日本古典文学全集　小学館
出雲国風土記、備後国風土記・逸文　新編日本古典文学全集　小学館
出雲国造神賀詞　祝詞　桜楓社
太　平　記　日本古典文学大系　岩波書店
平家物語　日本古典文学全集　小学館
愚　管　抄　日本古典文学大系　岩波書店
法　華　経　岩波文庫
釈日本紀　神道大系・古典註釈編　神道大系編纂会
神　祇　門　日蓮聖人遺文全集・下巻　平楽寺書店
古今和歌集序聞書三流抄　中世古今集注釈解題二　赤尾照文堂
諸神本懐集　日本思想大系・中世神道論　岩波書店
懐　橘　談　続々群書類従　第九
国造出雲孝時解状土代写　大社町史・上巻　大社町史編集委員会

太神宮参詣記　群書類従　第二輯・神祇部
詞林采葉抄　萬葉集叢書　臨川書店
梁塵秘抄　日本古典文学大系　岩波書店
鰐淵寺衆徒勧進帳案、寺僧某書状断簡　鰐淵寺文書の研究　鰐淵寺文書刊行会
草紙洗小町　謡曲叢書　第二巻　臨川書店
大社　謡曲叢書　第一巻　臨川書店
雲洲樋河上天淵記　群書類従　第二輯・神祇部
日御碕本社並社司遠祖事　神道大系・神社編　神道大系編纂会
雲陽誌　大日本地誌大系　二十七巻　雄山閣
日本書紀私見聞　神道資料叢刊　皇學館大学神道研究所
日本書紀巻第一聞書　神道大系・論説編　天台上　神道大系編纂会
十王経注　説話の言説　森話社
旧事本紀玄義　日本思想大系・中世神道論　岩波書店
豊葦原神風和記、天地神祇審鎮要記　神道大系・論説編　天台上　神道大系編纂会
六根清浄祓　史料から見た神道　弘文堂
日御碕社修造勧進帳　島根県文化財調査報告・第六集　島根県教育委員会
御流灌頂私記初夜　真言神道集成　青山社
続古事談　新日本古典文学大系　岩波書店

神書聞塵　神道大系・古典註釈編・日本書紀註釈下　神道大系編纂会
日本書紀神代巻抄　続群書類従完成会
祇園牛頭天王縁起　室町時代物語大成　角川書店
祇園社略記　神道大系・神社編　神道大系編纂会
中臣祓訓解　日本思想大系・中世神道論　岩波書店
中臣祓解　大祓詞註釈大成上　名著出版
神代巻家伝聞書　神道大系・論説編・吉川神道　神道大系編纂会

本文中に引用した研究論文・研究書

阿部泰郎「〝日本紀〟という運動」（『国文学　解釈と鑑賞』一九九九年三月号）
阿部泰郎「慈童説話の形成」（『国語国文』五十三巻八、九号、一九八四年）
新井大祐「日御碕神社の「異国防禦之神効」譚」（新井大祐・大東敬明・森悟郎『言説・儀礼・参詣』弘文堂、二〇〇九年）
家永三郎『日本書紀』上・解説「研究・受容の沿革」日本古典文学大系、岩波書店、一九六七年
伊藤　聡『中世天照大神信仰の研究』法蔵館、二〇一一年
伊藤正義「中世日本紀の輪郭」（『文学』一九七二年十月号）
井上寛司『大社町史』上巻（第三章）、大社町史編集委員会、一九九一年
井上寛司「「出雲神話」における古代と中世」（『出雲古代史研究』一〇号、二〇〇〇年）

今堀太逸『本地垂迹信仰と念仏』法蔵館、一九九九年
彌永信美「唯一の神と一つの世界――近代初期日本とフランスにおける比較神話学のはじまり――」（中川久定編『「一つの世界」の成立とその条件』高等研報告書0701、財団法人国際高等研究所、二〇〇七年十二月）
植村節也『風土記・頭注』新編日本古典文学全集、小学館、一九九七年
袁　珂『中国神話伝説大事典』大修館書店、一九九九年
大石良材『日本王権の成立』塙書房、一九七五年
大隅和雄『中世神道論・解説』日本思想大系、岩波書店、一九七七年
岡田荘司「中世初期神道思想の形成」（『日本思想史学』一〇号、一九七八年）
小川豊生「座談会・十五世紀の文学」（『文学』九巻三号、二〇〇八年）
折口信夫「国文学の発生・第三稿」一九二九年（『折口信夫全集』第一巻、中公文庫、一九七五年）
川村　湊『牛頭天王と蘇民将来伝説』作品社、二〇〇七年
河原正彦「祇園御霊会と少将井信仰」（『日本文化史論集』同志社大学日本文化史研究会、一九六二年
櫛田良洪『真言密教成立過程の研究』山喜房、一九六四年
久保田収『中世神道の研究』臨川書店、一九五九年
久保田収『八坂神社の研究』臨川書店、一九七四年
神野志隆光『古事記と日本書紀』講談社現代新書、一九九九年
小島憲之『日本書紀上・頭注』新編日本古典文学全集、小学館、一九九四年

呉　哲男『古代日本文学の制度論的研究』おうふう、二〇〇三年
小松和彦『神々の精神史』講談社学術文庫、一九九七年
小松和彦『異人論』青土社、一九八五年
小峯和明『説話の言説』森話社、二〇〇二年
権　東祐『スサノヲの変貌に関する研究』（佛教大学二〇一一年度博士論文）
権　東祐「『古語拾遺』に見えるスサノヲの変貌像」（『佛教大学大学院紀要』三七号、二〇〇九年）
斎藤英喜「摂関期の日本紀享受」（『国文学　解釈と鑑賞』一九九九年三月号）
斎藤英喜『陰陽道の神々』思文閣出版、二〇〇七年
斎藤英喜『古事記　成長する神々』ビイング・ネット・プレス、二〇一〇年・a
斎藤英喜「近世神話としての『古事記伝』」（佛教大学『文学部論集』九四号、二〇一〇年・b）
斎藤英喜「宣長・アマテラス・天文学」（佛教大学『歴史学部論集』創刊号、二〇一一年・a）
斎藤英喜『アマテラス　最高神の知られざる秘史』学研新書、二〇一一年・b
斎藤英喜「日本紀講から中世日本紀へ」（伊藤聡編『中世神話と神祇・神道世界』竹林舎、二〇一一年・c）
佐伯徳哉「中世前期の出雲地域と国家的支配」（『日本史研究』五四二号、二〇〇七年）
桜井英治『室町人の精神』講談社、二〇〇一年
桜井好朗『祭儀と注釈』吉川弘文館、一九九三年
佐藤弘夫「本覚思想をめぐって」（池見澄隆・斎藤英喜編『日本仏教の射程』人文書院、二〇〇三年）

末木文美士『鎌倉仏教展開論』トランスビュー、二〇〇八年
関　晃「上代に於ける日本書紀講読の研究」(『史学雑誌』一九四二年十二月号)
千家尊統『出雲大社』学生社、一九六八年
大東敬明「素盞烏流(出雲流)神道について」(『國學院大學研究開発推進センター研究紀要』第二号、
二〇〇八年)。
大東敬明「日御碕社別当・学雄と高野山」(國學院大學研究開発推進センター編『史料から見た神道』
弘文堂、二〇一〇年)。
平　重道『近世日本思想史研究』吉川弘文館、一九六九年
高橋美由紀「延徳密奏事件の一考察」(東北大学『日本思想史研究』七号、一九七五年)
瀧音能之『出雲国風土記と古代日本』雄山閣、一九九四年
田尻祐一郎「スサノヲの変貌」(『日本思想史』四七号、一九九六年)
田中貴子『外法と愛法の中世』砂子屋書房、一九九三年
玉懸博之『日本中世思想史研究』ぺりかん社、一九九八年
田村芳朗「天台本覚思想概説」(『天台本覚論』日本思想大系、岩波書店、一九七三年)
津田博幸「日本紀講の知」(『古代文学』三七号、一九九八年)
出村勝明『吉田神道の基礎的研究』神道史学会、一九九七年
戸板康二『歌舞伎十八番』中公文庫、一九七八年
中村生雄『日本の神と王権』法蔵館、一九九四年

中村　元『原始仏教の成立』春秋社、一九九二年
西岡和彦『近世出雲大社の基礎的研究』大明堂、二〇〇二年
西岡和彦「近世出雲大社の造営遷宮」(『大社町史研究紀要』五、二〇〇四年)
西田長男「『祇園牛頭天王縁起』の成立」(『神社の歴史的研究』塙書房、一九六六年)
速水　侑『平安貴族社会と仏教』吉川弘文館、一九七五年
原　克明「『日本書紀』進講史・断章」(『文学』九巻三号、二〇〇八年)
藤井貞和『古日本文学発生論』思潮社、一九七八年
古橋信孝『古代歌謡論』冬樹社、一九八二年
古橋信孝『神話・物語の文芸史』河出書房新社、一九九二年
松本郁代『中世王権と即位灌頂』森話社、二〇〇五年
松本　丘『垂加神道の人々と日本書紀』弘文堂、二〇〇八年
三浦佑之『古事記講義』文芸春秋社、二〇〇三年(文庫版、二〇〇七年)
三浦佑之『古事記のひみつ』吉川弘文館、二〇〇七年
三木正太郎『平田篤胤の研究』神道史学会、一九七〇年
水野　祐『出雲国風土記論攷』早稲田大学古代史研究会、一九六五年
宮地直一『大祓詞註釈大成上・解題』名著出版、一九八一年
村山修一『日本陰陽道史総説』塙書房、一九八一年
安江和宣『神道祭祀論考』神道史学会、一九七九年

安江和宣「『釈日本紀』と大嘗祭」（『神道史研究』二十八巻三号、一九八〇年）
山下克明『平安時代の宗教文化と陰陽道』岩田書院、一九九六年
山本ひろ子『変成譜』春秋社、一九九三年
山本ひろ子『中世神話』岩波新書、一九九八年・a
山本ひろ子『異神』平凡社、一九九八年・b
山本ひろ子「出雲の摩多羅神紀行・前編、後編」（『文学』十一巻四号、五号、二〇一〇年）

著者紹介

一九五五年、東京に生まれる

一九九〇年、日本大学大学院文学研究科博士課程満期退学

現在、佛教大学歴史学部教授

主要著書

『いざなぎ流　祭文と儀礼』（法藏館、二〇〇二年）

『古事記　成長する神々』（ビイング・ネット・プレス、二〇一〇年）

『アマテラス　最高神の知られざる秘史』（学研新書、二〇一一年）

歴史文化ライブラリー

346

荒ぶるスサノヲ、七変化

〈中世神話〉の世界

二〇一二年（平成二十四）六月一日　第一刷発行

著　者　斎《さい》藤《とう》英《ひで》喜《き》

発行者　前田求恭

発行所　株式会社　吉川弘文館

東京都文京区本郷七丁目二番八号

郵便番号一一三—〇〇三三

電話〇三—三八一三—九一五一〈代表〉

振替口座〇〇一〇〇—五—二四四

http://www.yoshikawa-k.co.jp/

印刷＝株式会社 平文社

製本＝ナショナル製本協同組合

装幀＝清水良洋・大胡田友紀

歴史文化ライブラリー

1996.10

刊行のことば

現今の日本および国際社会は、さまざまな面で大変動の時代を迎えておりますが、近づきつつある二十一世紀は人類史の到達点として、物質的な繁栄のみならず文化や自然・社会環境を謳歌できる平和な社会でなければなりません。しかしながら高度成長・技術革新にともなう急激な変貌は「自己本位な刹那主義」の風潮を生みだし、先人が築いてきた歴史や文化に学ぶ余裕もなく、いまだ明るい人類の将来が展望できていないようにも見えます。このような状況を踏まえ、よりよい二十一世紀社会を築くために、人類誕生から現在に至る「人類の遺産・教訓」としてのあらゆる分野の歴史と文化を「歴史文化ライブラリー」として刊行することといたしました。

小社は、安政四年（一八五七）の創業以来、一貫して歴史学を中心とした専門出版社として書籍を刊行しつづけてまいりました。その経験を生かし、学問成果にもとづいた本叢書を刊行し社会的要請に応えて行きたいと考えております。

現代は、マスメディアが発達した高度情報化社会といわれますが、私どもはあくまでも活字を主体とした出版こそ、ものの本質を考える基礎と信じ、本叢書をとおして社会に訴えてまいりたいと思います。これから生まれでる一冊一冊が、それぞれの読者を知的冒険の旅へと誘い、希望に満ちた人類の未来を構築する糧となれば幸いです。

吉川弘文館

〈オンデマンド版〉
荒ぶるスサノヲ、七変化
〈中世神話〉の世界

歴史文化ライブラリー
346

2025年（令和7）1月1日　発行

著　者　斎《さい》藤《とう》英《ひで》喜《き》
発行者　吉川道郎
発行所　株式会社　吉川弘文館
〒113-0033　東京都文京区本郷7丁目2番8号
TEL　03-3813-9151〈代表〉
URL　https://www.yoshikawa-k.co.jp/

印刷・製本　大日本印刷株式会社
装　幀　清水良洋・宮崎萌美

斎藤英喜（1955～2024）

ISBN978-4-642-75746-1